I COLÓQUIO DE SEGURANÇA INTERNA

INSTITUTO SUPERIOR DE CIÊNCIAS POLICIAIS
E SEGURANÇA INTERNA

CENTRO DE INVESTIGAÇÃO

I COLÓQUIO DE SEGURANÇA INTERNA

Coordenador:
Manuel Monteiro Guedes Valente

ALMEDINA

I COLÓQUIO DE SEGURANÇA INTERNA

COORDENAÇÃO
MANUEL MONTEIRO GUEDES VALENTE

EDITOR
EDIÇÕES ALMEDINA, SA
Rua da Estrela, n.º 6
3000-161 Coimbra
Tel: 239 851 904
Fax: 239 851 901
www.almedina.net
editora@almedina.net

EXECUÇÃO GRÁFICA
G.C. GRÁFICA DE COIMBRA, LDA.
Palheira – Assafarge
3001-453 Coimbra
producao@graficadecoimbra.pt

Maio, 2005

DEPÓSITO LEGAL
226568/05

Toda a reprodução desta obra, por fotocópia ou outro qualquer processo,
sem prévia autorização escrita do Editor,
é ilícita e passível de procedimento judicial contra o infractor.

PREFÁCIO

O chamado *Grupo de Alto Nível*, que assessora o Secretário--Geral da ONU, em Novembro de 2004 publicou um Relatório sobre *Ameaças, Desafios e Mudança*.

É um trabalho que assenta nas intervenções de dezasseis antigos Chefes de Estado, acompanhados de vários especialistas, e o objectivo nuclear foi reformular a *polemologia do milénio*.

Os tipos de ameaças que agendaram foram as seguintes: a guerra entre Estados; a violência interior; a pobreza e as doenças e degradação do ambiente; as armas de destruição maciça (nucleares, radiológicas, químicas e biológicas); o terrorismo; a criminalidade internacional organizada.

Este esforço não esqueceu a impossibilidade, por falta de meios, em que a ONU se encontrava para dar cumprimento à *Agenda para a Paz* de Boutros-Boutros Ghali, o que se traduziu numa dificientíssima recuperação da *sociedade de confiança* interna e internacional. Mas este passado de ineficácia é assumido como lição da experiência que ajuda a reexaminar a amplitude dos desafios, e a intervir de novo com um projecto que se pode interpretar como inserido na tentativa de reorganizar a governança mundial.

Mas a principal lição traduz-se em reconhecer que a segurança é um tema transnacional, que afecta todas as sociedades civis, e que não consente numa distinção operacional entre segurança interna e segurança externa.

Por muito discutível que seja a definição de segurança, a expressão inglesa *garantee of safety* parece corresponder ao núcleo duro do conceito.

Naturalmente não há coincidência entre este conceito e o conceito de *vida habitual* que não tem o mesmo conteúdo em todas as áreas culturais. Mas tem um sentido transversal de previsibilidade que a globalização mundializou, e cuja análise talvez tenha em Norbert Elias (1939-1971), o filósofo de *La societé des individus* (Paris, 1991), a referência fundamental para meditar sobre a interdependência planetária entre o homem e a sociedade, em termos de o antigo *state centric paradigm* ser substituído pelo *World politics paradigm* de Nye e O'Keohana.

Para uso doméstico, o facto orientador destas análises é que não há segurança definível apenas em termos de jurisdição interna, e que a crescente estruturação da sociedade transfronteiriça e transnacional implicou que os problemas internos resvalassem para a categoria de internacionalmente relevantes, e estes para internacionais.

O que tudo exige que a metodologia da *rede*, posta em evidência por Manuel Castells, seja a disponível e irrecusável para enfrentar um mundo em acelerada mudança, e com uma polemologia interna e externa com problemática definição.

É por isso que a temática da segurança foi aprofundada pelo ensino superior, e que o Instituto Superior de Ciências Policiais e Segurança Interna correspondeu à mudança de paradigma, sendo inevitável que a *rede* articule as seguranças internas dos vários países, especialmente daqueles que integram a União Europeia.

Muito especialmente o terrorismo transnacional já inspirou o desenvolvimento de uma *frente jurídica* europeia, e a internacionalização dos riscos e das ameaças não pode deixar de reflectir-se na definição do conceito académico operacional do Instituto, que vai acumulando, com firmeza, um conjunto acreditado de iniciativas.

ADRIANO MOREIRA

PROGRAMA

17.11.2004

09H30

Sessão Solene de Abertura

Mesa de Honra

Director Nacional da PSP – Juiz-Desembargador José Manuel Branquinho Lobo
Director do Instituto Superior de Ciências Policiais e Segurança Interna: Alfredo Jorge Gonçalves Farinha Ferreira
Professor Catedrático Adriano Moreira
Professor Doutor Azeredo Lopes

Conferência da Abertura
A segurança interna num contexto internacional – Prof. Doutor Azeredo Lopes

11H00 – Intervalo

11H15

I Mesa: **A Ciência Política como clarificadora do Sentido de Segurança Interna**

Presidência: Prof. Catedrático António José Fernandes – Reitor da Universidade Moderna do Porto
Prelectores:
A Ordem e o Caos: Factores de Influência para a Construção de uma Tipologia de Segurança – Prof. Doutor Rocha Machado

A ideia de Polícia: desafios e utopias – Prof. Doutor Pedro Clemente (Subintendente da PSP)

13H00 – Intervalo – Almoço

14H45

II Mesa: **Para uma Nova Tipologia de Segurança Interna no Quadro Jurídico-
-Constitucional**

Presidência: Subintendente Abreu Matos – Subdirector do ISCPSI
Prelectores:
A Consagração Constitucional de Segurança Interna – Prof. Doutor Jorge Bacelar Gouveia
Contributos para uma tipologia de Segurança Interna – Comissário Manuel Monteiro Guedes Valente

18H00 – Fim dos trabalhos do 1.º Dia

18.11.2004

09H30

III Mesa: **As Ciências Policiais na discursividade da Segurança Interna**

Presidência: Subintendente HELDER VALENTE DIAS – Director de Ensino do ISCPSI

Prelectores:
A segurança interna no quadro europeu – Prof.a Doutora CONSTANÇA URBANO DE SOUSA

As "Novas" Ameaças como Instrumento de Mutação do Conceito de Segurança – Subintendente FIÃES FERNANDES

Direito penal e segurança Interna – Dr. DAVID CATANA

13H00 Intervalo – Almoço

15H00

III Mesa: **Direito Penal mão ou braço da Segurança Interna?**

Presidência: Prof. Doutor GERMANO MARQUES DA SILVA – Professor Catedrático Convidado do ISCPSI e Profesor da Faculdade de Direito da Universidade Católica.
Prelectores:
Segurança Interna, Processo Penal e Serviço de Informações – Prof. RUI PEREIRA
A acção penal catapulta da segurança interna? – Procuradora-Geral Adjunta CÂNDIDA DE ALMEIDA

17H30 Encerramento

Mesa de Honra
Director Nacional Adjunto para a Área de Operações – Superintendente-Chefe ARLANDER CHUMBINHO
Director ISCPSI – Superintendente-Chefe ALFREDO JORGE G. FARINHA FERREIRA
Mestre VITALINO CANAS

Conferência de Encerramento:
Princípio da proibição do excesso e a polícia – Mestre VITALINO CANAS – Deputado à Assembleia da República

APOIO DA CAIXA GERAL DE DEPÓSITOS

SESSÃO SOLENE DE ABERTURA

Mesa de Honra

Director Nacional da PSP – Juiz-Desembargador
JOSÉ MANUEL BRANQUINHO LOBO

Director do Instituto Superior de Ciências Policiais e Segurança Interna
ALFREDO JORGE GONÇALVES FARINHA FERREIRA

Professor Catedrático
ADRIANO MOREIRA

Professor Doutor
AZEREDO LOPES

CONFERÊNCIA DA ABERTURA

A segurança interna num contexto internacional
Prof. Doutor AZEREDO LOPES – Professor de Faculdade
de Direito da Universidade Católica do Porto

A SEGURANÇA INTERNA
NO CONTEXTO INTERNACIONAL*

Tivesse o tema que me é dado tratar sido proposto há cinco ou seis anos atrás e pareceria incongruente, porque associava dois "espaços" na aparência distintos. Na verdade, até há pouco tempo entendia-se que havia blocos mais ou menos estanques na conceptologia da segurança e da defesa, e a distinção entre o interno e o internacional era mais ou menos estabelecida e olhada como dado adquirido.

A organização do Estado, quer sob o ponto de vista da segurança interna, quer do ponto de vista da defesa, ou seja, da resposta às ameaças externas à segurança de uma dada comunidade organizada sob forma estadual, estava também ancorada solidamente. Nesta perspectiva, vivíamos num mundo tranquilo, onde os conceitos se afiguravam sólidos e de uma estabilidade tranquilizadora, em que a separação de poderes e funções era também indiscutível no que respeita à segurança e à defesa. Parecerá por isso peculiar que hoje, quase que também de forma dogmática, se entenda que as questões de segurança interna dependem, e muito, do plano internacional, isto é, do fluir das relações internacionais, da participação do Estado português num determinado quadro institucional europeu e transatlântico e das bases de cooperação que constitua com outros. Depende, portanto, de factos, de organizações, de redes que ultrapassam o território português, entendido este no seu sentido mais estrito e geográfico.

Qual é, então, o contexto internacional que afecta e obriga ao debate sobre estes assuntos? Estou a referir-me, como já terão compreendido, às consequências do 11 de Setembro de 2001. E indico

---

* Reproduz-se, com alterações de pormenor, a comunicação apresentada a 17 de Novembro de 2004 no Instituto Superior de Ciências Policiais e Segurança Interna, no quadro do "I Colóquio de Segurança Interna", organizado por aquela Instituição.

esta data porque, efectivamente, se não no plano dos factos concretos, pelo menos num plano do discurso político e até numa dimensão psicológica, o 11 de Setembro alterou a bonomia em que pensávamos viver.

É verdade, porém, que desde há vários anos, nos meios onde se procedia à reflexão e estudo sobre questões de segurança e, mais em geral, no quadro académico e doutrinal, se entendia que aquela situação não era credível. Quero com isto significar que não se acreditava já que estivéssemos imunes a ameaças graves e, nomeadamente, à ameaça terrorista ou como costumava dizer-se, às ameaças "difusas". Mas é o atentado contra às Torres Gémeas e o Pentágono que, em grande medida, serve de catalisador para a tomada de consciência de que estávamos entrados de vez – e não pelas boas razões – num Mundo diferente e de repente muito mais sombrio.

O factor de mudança que resultou daqueles ataques era, objectivamente, implausível. Um Estado tido como "inatacável", ou seja, na prática, impermeável a ameaças "internacionais" ou exteriores consideradas clássicas, viu de repente exposta a sua tremenda fragilidade, e pôde infelizmente comprovar-se como, apesar de uma evolução positiva nas relações internacionais que apontava para a estabilização das relações de poder clássicas, outros poderes novos tinham substituído em parte os anteriores. Pior do que isso, mostravam-se independentes ou imunes a negociações e resistiam a um estudo racional "ameaça/resposta plausível" correspondente ao que tinha sido a estrutura deste pensamento no período anterior ao fim da Guerra Fria.

A Al-Qaeda, embora o fenómeno tenha vindo lentamente a ser estancado (talvez por causa do Iraque), veio influenciar as nossas vidas num plano muitíssimo superior à que é, de facto, a sua dimensão de ameaça.

Mas não deixa de ser sintomático que os Estados, e em particular os Estados Unidos, tivessem subestimado as primeiras manifestações de grande violência da organização. Recordo que a Al-Qaeda já tinha atacado em 1998, quando de dois atentados mortíferos dirigidos contra as embaixadas norte-americanas em Nairobi e Dar-es-Salam. Ali, talvez se quiséssemos ter visto, estava já dado o sinal de que a Al-Qaeda estava, gradualmente, a transnacionalizar as suas actividades. O certo, no entanto, é que aqueles ataques tinham sucedido numa esfera extra europeia e extra americana: em África; e o essencial das baixas tinha sido africano. Pelo que, com certeza, muitos pensaram que aquela era uma questão, no essencial, confinada a esse espaço geográfico ou a outros espaços considerados periféricos – logo, menos ameaçadores.

Não era assim. Mas, de então para cá, assistimos, às vezes com excessos que vou procurar referir com brevidade, a um revolucionar das concepções tanto da segurança internacional, quanto da própria construção do conceito de segurança interna e dos meios e instrumentos para a garantir.

Com efeito, compreendeu-se *a posteriori* (isto é, depois de um ataque devastador e espectacular) que esta "nova ameaça" – termo que ganhou lugar de cidade no jargão do meio – parece assentar a sua força numa representação no terreno totalmente diferenciada das que é costume agora descrever como ameaças tradicionais, que quase sempre têm como referência, ou imitam, o paradigma estadual. Esta natureza relativamente intangível, pelo menos por ora, resulta de vários factores.

Em primeiro lugar, não está confinada a um espaço territorial e assim ganha vantagem, porque não é fácil estabelecer a dimensão espacial que permita confinar, e depois eliminar, a ameaça. A bem dizer, a Al-Qaeda (mas a organização pode ser apenas o protótipo de um novo modelo) não é uma estrutura com um aparelho de comando ou hierarquia determinados ou pelo menos determináveis com facilidade, com evidente prejuízo para os raciocínios tradicionais sobre a concretização do que possa ser o ataque, onde se irá verificar e quando irá ocorrer.

Em segundo lugar, como a hidra, a Al-Qaeda tem-se mostrado substancialmente mais coriácea do que o previsto relativamente às respostas que desde de 2001 foram sendo adoptadas.

E tenho para mim que a alteração do quadro de pensamento relativamente à segurança interna viu agravada a percepção da ameaça tanto devido àquele facto traumatizante que foi o 11 de Setembro como também (é bom não deixar isto de lado) às reacções ou conjunto de reacções que foram tomadas desde então.

Se tomarmos os aspectos mais particulares do que tem sido a luta contra o terrorismo global, há algo que parece, ou que me parece, relativamente confrangedor. Em alguma medida, embora a mira comece a ser corrigida, a uma ameaça nova respondemos com mecanismos tradicionais.

No Afeganistão, desde logo (em 2001), foi preciso transformar o ataque de uma entidade não estadual, como era Al-Qaeda, num ataque estadual, isto é, provindo do Estado afegão, para então iniciar as acções militares naquele território a 7 de Outubro de 2001. O Mundo ainda não conseguiu, a meu ver, ultrapassar de forma eficiente este esquema ameaça nova/resposta velha, que em parte nos tem conduzido a um beco sem saída. Note-se que, quando falo no "Mundo" de forma impessoal, adopto uma fórmula cómoda e desresponsabilizante, mas na realidade estou a pensar nos Estados com capacidade reactiva que têm liderado o "processo de resposta" – principalmente, os Estados Unidos.

O conflito no Afeganistão foi uma campanha militar quase consensual no plano internacional, facto este que é mister destacar. Mas a campanha afegã, a meu ver, não resolveu de todo a ameaça representada por esta organização, a Al-Qaeda; e o Afeganistão está, hoje, a tornar-se num novo problema de segurança internacional e, por conseguinte, novamente a afectar o contexto internacional de segurança. É suficiente pensarmos no que foram as recentes eleições no Afeganistão para verificarmos que se Hamid Karzai ganhou as eleições não podia, praticamente, sair de Cabul durante a campanha, porque se o fizesse arriscava-se a ser um candidato em estado físico definitivamente preocupante.

Assim, através deste exemplo "bem sucedido" do ponto de vista da realização dos objectivos principais que tinham sido estabelecidos, confirmou-se não obstante que o actual contexto internacional obriga a respostas completamente diferentes perante ameaças também elas diferenciadas.

Se juntarmos a isso o cataclismo que representou até há pouco (ainda que com sinais de, finalmente, se ter um pouco de acalmia) a campanha iniciada no Iraque a 19 de Março de 2003, confesso o meu relativo pessimismo quanto à forma como esse contexto internacional está a ser enfrentado.

Do meu ponto de vista, portanto, muito mais teria sido feito, de forma mais eficiente e certamente com menos meios, se as respostas tivessem sido antecedidas de uma reflexão coerente sobre o que representa hoje uma determinada ameaça para a nossa segurança interna. E a minha convicção firme é a de que pouco se conseguirá com a repetição de campanhas como a que ocorreu em terras babilónias.

Ao contrário, o contexto internacional ficou menos seguro com uma resposta militar que envolveu meios absolutamente colossais, que durante muito tempo se mostraram ineficientes e que, por um efeito de *boomerang*, contribuíram para o alastrar quase *ad infinitum* de uma ameaça que se pensava estar apenas representada por um homem de barbas muito perigoso que até se permitiu "visitar" os eleitores americanos três ou quatro dias antes de eles irem a votos. Portanto, temos aqui uma primeira verificação, preocupante. Por extraordinário que pareça, as respostas que têm sido dadas no plano global a uma ameaça global são tradicionais, ineficientes, são caras e, pior do que isso, são estímulo involuntário para um alastramento do que, à primeira vista, se tentava neutralizar: a federalização global e sem fronteiras de movimentos terroristas. Sirva de exemplo o Magrebe, e especialmente Marrocos, que, de acordo com relatórios recentes (pense-se, também, no 11 de Março de 2005) pode vir a transformar-se rapidamente num foco infeccioso no plano do recrutamento de agentes terroristas. Marrocos está perto, não é o Paquistão ou as montanhas afegãs. Poderá por isso vir a representar no futuro uma ameaça plausível, credível, até para o nosso território.

Os relatos sobre uma possível ameaça que terá ocorrido durante o Euro 2004, na minha cidade, no Porto, mostram também aqui terá sido a primeira vez que os portugueses foram confrontados com a possibilidade de acontecer um atentado em Portugal. Creio que, depois de uma fase de pânico, onde se perdeu alguma serenidade a propósito do Euro 2004, o essencial da opinião pública portuguesa está convencida de que, sendo nós pequenos e relativamente arredados, essas características nos garantem, só por isso, a tranquilidade futura.

Penso que este é um raciocínio errado; se Portugal é "pequeno", não deixa de ser também um alvo relativamente fácil. A verdade é que, estando nesta ponta ocidental da Europa, de repente percebemos que em Madrid, a mais ou menos 600 km, o actor terrorista atacou de forma cruel. Assim, subitamente, o que parecia encerrado em casulos estaduais, num mundo organizado em Estados, em que cada um era responsável pelo seu quintal, em que cada um devia essencialmente tratar das flores que lá se encontrassem e cuidar dos prejuízos que lá se verificassem, transforma-se num fenómeno invertido por completo. De repente, já nada ou pouco é uma questão *exclusiva* de segurança interna ou de polícia (em sentido lato), mas sim uma questão de segurança transnacional. E, também num instante, o contexto internacional invade de uma forma avassaladora pelas nossas casa, receando alguns mais a brutalidade cruel e cega de Bin Laden do que o carteirista que nos ataca, aquele que nos ameaça para saber o código do nosso cartão Multibanco ou mesmo formas de criminalidade organizada.

A simbologia da ameaça à segurança das pessoas (tomadas individualmente e no colectivo) passou a ser, até excessivamente, "internacional", perdendo-se um pouco o sentido das proporções nalguns debates sobre estas questões.

Mas algumas tendências parecem estar a estabilizar e a elas me referirei de forma breve. Em primeiro lugar, como demonstra a reflexão em torno de um novo conceito estratégico de defesa nacional, assentou-se, parece-me que de forma razoável, num princípio de relativa porosidade entre a segurança e a defesa, naquilo que, até no plano constitucional, se encarava como compartimentos estanques. Admite-se hoje, sem especiais complexos (mas é matéria onde são necessários cuidados e algum equilíbrio) um conjunto multifuncional de missões para as nossas forças militares.

O princípio é defensável num plano teórico, mas também encontra sustento em certas circunstâncias práticas. Reitero, no entanto, a ideia de que aqui é necessária cautela, porque por vezes me pareceu que, de uma penada, a "tentação" da "militarização" das necessidades de segurança desvalorizava a necessidade de uma Polícia forte, apetrechada e primariamente competente para enfrentar estes novos desafios que temos perante nós. A própria presença das forças da GNR no Iraque veio contribuir para esta relativa ambiguidade que, aliás conseguimos manter sem danos graves. Graças a Deus, tudo está a correr bem, as forças da GNR estão a prestigiar Portugal e provavelmente terão tido no Iraque uma ocasião única para adquirir um prestígio internacional que até aqui não tinham tido oportunidade de alcançar pela menor visibilidade que as suas funções tinham – pela natureza das coisas.

Conferência da Abertura

Fica agora por tratar, olhando à prática recente na União Europeia, a gradual definição de duas ou três ideias fundamentais.

No capítulo da justiça e dos assuntos internos da União Europeia, e muito por obra do então comissário António Vitorino, deram-se passos importantes desde o 11 de Setembro, mas não suficientes, no sentido da percepção da segurança interna ser tanto do espaço português como, mais amplamente, de outro espaço que é o da União Europeia.

Se virmos o que representa em termos de impacto para a nossa segurança a própria afirmação da livre circulação de pessoas, percebemos que a resolução de uma questão de segurança nos confins ou nas extremas orientais da União Europeia, pode vir a evitar, passe o eventual exagero, a realização de uma ameaça nos confins ocidentais onde nos encontramos. Neste momento, já não dependemos, exclusivamente, de nós em termos de segurança interna mesmo que localizada, estritamente, no território português.

Tendemos, primeiro, para afirmação do princípio da cooperação e depois posterior integração do conceito de segurança interna num quadro europeu. Os passos grandes que foram dados no sentido de um mandato de captura europeu, num desenvolvimento integrado de serviços de informação parecem apontar nesse sentido. Mas como sempre e no que parece ser uma doença europeia, uma vez desaparecido o pico do medo representado pelo 11 de Setembro, baixou-se a guarda e o assunto desapareceu das primeiras páginas. Espero que não se tenha também desvanecido, porque isso seria preocupante, da esfera das prioridades políticas fundamentais. Seria com efeito preocupante, mas penso que não irá suceder, que de novo se "renacionalizassem" os serviços de informação (apenas para dar um exemplo) ou que, ainda que impressionante no plano teórico, a integração ainda incipiente neste domínio viesse a ser estrangulada devido a uma sufocante falta de meios.

Não deixa também de ser significativo que o próprio contexto político internacional possa determinar a forma como são encaradas estas questões numa União Europeia "de segurança". Não é segredo para ninguém a forma como durante algum tempo estiolaram as relações entre o eixo franco-alemão e britânicos. Hoje, óptimo, este período tempestuoso estará ultrapassado. Mas, na altura, não era plausível, por exemplo, que os serviços de informações franceses colaborassem de forma empenhada com os serviços de informação ingleses. Isto significa que, evidentemente, se tornava difícil aplicar no terreno o que se preparava nas conferências e negociações. Portanto, o paradoxo europeu traduz-se em apostar numa caminho integrado, fundamental, mas ao mesmo tempo revelar incapacidade para uma efectiva integração política e jurídica que sustente estes propósitos de integração.

Quanto à segurança interna em sentido estrito, não serei eu a dar lição sobre o assunto, e seria presunção fazê-lo justamente nesta instituição; mas a verdade é que se olhar para a legislação de segurança interna, ela me parece relativamente obsoleta quanto aos conceitos e às funções atribuídas, por exemplo, às forças policiais. Penso, a concluir, que a realidade já ultrapassou e muito, sob o ponto de vista da qualificação, da multifuncionalidade dessas forças, a dimensão pobre e tradicional que aí se encontra na descrição das funções das forças policiais. Na minha opinião, estamos obrigados a uma revisão profunda, reflectida e consistente. Mas essas coisas demoram o tempo que demoram, e não é este o momento para mais desenvolvimentos. Muito obrigado pela vossa atenção.

J. A. Azeredo Lopes

I MESA

A Ciência Política como clarificadora do Sentido de Segurança Interna

Presidência
Prof. Catedrático António José Fernandes – Reitor da Universidade Moderna do Porto

Prelectores
A Ordem e o Caos: Factores de Influência para a Construção de uma Tipologia de Segurança
Prof. Doutor Rocha Machado

A ideia de Polícia: desafios e utopias
Prof. Doutor Pedro Clemente (Subintendente da PSP)

PODER POLÍTICO E SEGURANÇA INTERNA[1]

António José Fernandes [*]

Introdução

Analisar o poder político e a segurança interna de uma sociedade politicamente organizada implica procurar respostas para as várias interrogações, que decorrem das realidades subjacentes aos conceitos de poder e de segurança e à dialéctica da interacção que se desenvolve entre essas mesmas realidades. Interrogações essas que dizem respeito tanto ao poder político como à própria segurança e às instituições encarregadas de exercitar o primeiro e de garantir a segunda.

Assim, a problemática inerente ao tema «poder político e segurança interna» suscita, desde logo, diversas interrogações, tais como:

O que é o poder? Qual a sua natureza? Que formas reveste? Que instrumentos utiliza? Como se manifesta e afirma na sociedade?

O que distingue o poder político dos outros tipos de poder?

E o que é a segurança? Quais as suas dimensões? Haverá uma segurança interna e uma segurança externa? Ou existe uma defesa externa e uma segurança interna?

A quem compete garantir a segurança da sociedade politicamente organizada?

Será a garantia da segurança das pessoas, dos bens e dos valores um objectivo do poder político? Ou é um objecto (um instrumento) da afirmação deste na sociedade?

A estas interrogações procuramos responder a seguir, através da análise da natureza e da afirmação do poder, do âmbito e dimensões

---

[*] Professor Catedrático da Universidade do Minho e Reitor da Universidade Moderna do Porto

[1] Trabalho apresentado ao I Colóquio sobre Segurança Interna.

do conceito de segurança e da inter-relação poder político/segurança interna.

1. O Poder: Conceito, Natureza e Afirmação

Nas conversas quotidianas poucas palavras são tão utilizadas como o termo «poder». Fala-se em conquistar o poder, deter o poder, exercer o poder. Diz-se que o presidente tem poucos poderes, ou que exorbitou dos poderes que a Lei Fundamental lhe confere. Afirma-se que o governo viu os seus poderes reforçados com a aprovação da moção de confiança. Comenta-se que o líder está a ganhar poder no seio do aparelho partidário, que as associações patronais são poderosas, que os órgãos de informação dispõem do poder de influenciar, que os sindicatos têm cada vez menos poder neste mundo globalizado, etc., etc.

Mas, afinal, o que é o poder?

Na terminologia corrente, o poder é identificado com uma espécie de essência, com algo que se pode conservar, manusear, permutar, pois os termos «possuir o poder», «deter o poder» e «dividir o poder» evocam a ideia de um poder-substância. Porém, o poder só é perceptível quando se manifesta e se afirma, quando é exercitado. E o exercício do poder implica uma ralação social assimétrica entre quem manda e quem obedece: uma relação «mando-obediência» e/ou «imposição-subordinação». Por conseguinte, mais do que uma essência, uma substância, o poder é uma relação entre quem manda e quem obedece, entre governantes e governados. Logo, deter o poder é possuir *a faculdade de fazer obedecer*. E, por isso, os teóricos do poder, como Max Weber, por exemplo, têm definido o poder como a possibilidade de alguém impor a sua vontade sobre o comportamento dos outros. Nesta perspectiva, Max Weber sublinhou que «o poder é a capacidade de uma ou mais pessoas realizarem a sua própria vontade num acto colectivo contra a vontade dos outros que participam do mesmo acto». Todavia, «se o poder reside na capacidade de fazer triunfar uma vontade» -observou Jacqueline Russ – «ele consiste também, em sentido geral, na possibilidade de dispor de meios ou de mediações físicas»

«Entre os desejos infinitos do homem, os principais são os desejos de poder e de glória», escreveu Bertrand Russel na sua análise social do poder. E Jacqueline Russ notou a este propósito: «todo o homem que faz política aspira ao poder, seja porque o considera como um meio ao serviço de outros fins, ideais ou egoístas, seja porque o deseja para si próprio, com vista a usufruir do sentimento de prestígio que o poder lhe confere». No entanto, a realização desse desejo infinito do homem – a detenção e exercício do poder – implica que outros homens obedeçam às determinações impostas pelos detentores da possibilidade de exercitar o poder. Mas porque é que os homens obedecem? O que é que os leva a submeterem-se à vontade dos outros? O medo do castigo físico? A promessa de uma recompensa pecuniária ou o hábito adquirido pelo processo de aculturação e de integração social? Quais os factores, as razões que levam as pessoas a abandonarem as suas próprias preferências e a aceitarem as preferências dos outros?

Sendo o poder uma faculdade – *a faculdade de fazer obedecer* – quem é que desfruta da possibilidade de exercer o poder e de determinar o modo como deve ser exercido? Que qualidades, que atributos, que meios permitem a alguém impor a sua vontade aos outros? Como se consegue a obediência de outrem? Por que processos é alcançada a aquiescência alheia?

A resposta a estas questões levou os estudiosos a investigar a natureza do poder, os instrumentos e as técnicas da sua imposição, os atributos e as condições que distinguem os que detêm e exercem o poder daqueles que se lhe submetem, e a enumerar os diferentes tipos e as diversas fontes do poder. E daí que Max Weber falasse de poder anónimo, poder personalizado e poder institucionalizado, relacionando-o com a sua própria natureza, e que Galbraith se referisse ao poder condigno, compensatório e condicionado, e identificasse a personalidade, a propriedade e a organização como as principais fontes de poder.

Na concepção de Max Weber, existem, ou existiram, três formas de dominação: *tradicional, carismática e racional*. A primeira funda-se no carácter sagrado das tradições e alimenta o *poder anónimo*; a segunda caracteriza-se pela confiança na pessoa de um homem, na força heróica de uma pessoa, e sustenta o *poder personalizado* ou *carismático*; a terceira baseia-se na crença e na legalidade das determinações e fundamenta o *poder institucionalizado*.

Por sua vez, John K. Galbraith sustenta que «o poder cumpre, há séculos, uma regra de três: três instrumentos para o exercer e três instituições ou atributos que outorgam o direito de usá-lo». E, tendo em conta os instrumentos da sua imposição, enumera três tipos de poder: *condigno, compensatório e condicionado.*

De acordo com a análise de Galbraith, o *poder condigno* obtém a submissão pela capacidade de impor às preferências do indivíduo ou do grupo uma alternativa suficientemente desagradável ou dolorosa para o levar a abandonar as suas preferências. A ameaça de castigo físico ou o receio de uma repreensão pública levam as pessoas a abandonar as suas ideias e a aceitar as ideias dos outros O *medo* e o *receio* geram a obediência. Por outro lado, o *poder compensatório* consegue a obediência através da oferta de uma recompensa positiva, proporcionando algo de valor aos indivíduos que se submetem. A recompensa pecuniária, a concessão de favores, o elogio público são formas de afirmação do poder compensatório. Por sua vez, o *poder condicionado* gera a submissão através da persuasão, da educação, do compromisso social, levando os indivíduos a mudar de convicção e de crença.

Na afirmação do poder condigno e do poder compensatório, o indivíduo que obedece, ora compelido, ora compensado, está ciente da sua submissão; mas, na afirmação do poder condicionado, o indivíduo obedece sem se aperceber dos condicionalismos que suscitam a sua submissão.

A faculdade de fazer obedecer, seja pela afirmação do poder condigno, seja pelo recurso ao poder compensatório, seja através do poder condicionado, depende de certos atributos e de determinadas condições; depende, pois, das fontes do poder. Quer dizer que, por detrás dos três instrumentos de imposição ou de afirmação, mediante os quais é exercido o poder, estão as fontes do poder, que Galbraith identificou como a personalidade, a propriedade e a organização.

A personalidade, ou carisma, que se afirma normalmente através da liderança, deriva de um conjunto de atributos, de qualidades físicas, mentais, de oratória, de afirmação moral, de atitude ética, ou de outra característica moral, e dá acesso a um ou mais instrumentos do poder.

A propriedade, ou riqueza, proporciona os meios para comprar a submissão. Está, portanto, associada ao exercício do poder compensatório, embora possa também induzir à submissão condicionada.

Poder Político e Segurança Interna

A organização, união de indivíduos que partilham interesses, valores e ideias semelhantes, possibilita a conquista e o exercício do poder. Aliás, nas sociedades modernas, a organização é a principal fonte do poder, sobretudo do poder condicionado.

Cada uma das fontes do poder dá acesso privilegiado a um tipo de poder instrumental: a personalidade ao poder condigno, a propriedade (ou riqueza) ao poder compensatório; a organização ao poder condicionado. Porém, a personalidade, a propriedade e a organização combinam-se de formas diversas, resultando daí uma associação variável dos instrumentos de afirmação do poder.

O Estado, como organização suprema e mais complexa da sociedade, utiliza os três instrumentos de imposição e afirmação do poder: afirma o poder condigno através da ameaça de encarceramento, da aplicação de multas e de impedimentos diversos; manifesta o poder compensatório pela distribuição de cargos, concessão de contratos, emissão de convites, compra de apoios, etc.; exerce o poder condicionado através da persuasão praticada pelo ensino e pelos meios de comunicação. De resto, a organização, qualquer que seja a sua dimensão e complexidade, dá normalmente acesso aos três tipos de poder instrumental, o que não sucede com as outras fontes do poder.

A afirmação do poder condigno e do poder compensatório é visível e objectiva, enquanto a manifestação do poder condicionado é invisível e subjectiva, na medida em que nem os que o exercem nem os que a ele obedecem se dão conta de que está a ser exercido. Neste caso, a submissão é gerada pelo condicionamento social, de forma explícita, através da persuasão e da educação, e de forma implícita, através da aculturação. A persuasão desenvolvida pelos meios de comunicação de massa e através da educação formal (pela família, pela escola e pela universidade) condiciona os indivíduos e leva-os a comportarem-se de acordo com determinadas regras, a respeitar certos princípios e valores e a obedecer a formas específicas de poder. Por outro lado, o comportamento dos indivíduos é condicionado pela crença em determinados valores que o poder condigno e o poder compensatório impuseram paulatinamente ao longo de séculos. Por exemplo, as crianças obedecem aos pais e aos professores porque, no passado, a vontade do pai e do professor era imposta mediante punição condigna: a ameaça do uso da palmatória gerava a obediência. E os pais, os professores, os polícias gozam ainda de autoridade em consequência da sua associação com o poder condigno no passado. No entanto, hoje, os filhos obedecem aos pais e a maior parte das pessoas respeita as autoridades, não porque receiem uma punição condigna, ou porque esperem uma recompensa, mas sim porque temem a lei e respeitam os valores e os padrões culturais estabelecidos. Por isso, os analistas do poder concluem que, hoje em dia, a imposição condigna ou compensatória do poder está intimamente associada à submissão que resulta do facto do indivíduo acreditar, ou de ter sido persuadido de que, para ele, esse era o melhor caminho. Esta submissão proveniente da convicção, da crença, ganhou relevante importância no nosso tempo. E, como refere Galbraith, «da mesma forma que o desenvolvimento sócio-económico impeliu a sociedade da imposição física condigna do poder para a retribuição pecuniária compensatória, está agora a levá-la a confiar cada vez mais no uso do poder condicionado».

A evolução da preponderância das fontes do poder descrita por Galbraith, segundo o qual terá passado, ao longo da história, da personalidade à propriedade e desta à organização, corresponde de certo modo à análise de Max Weber que explica a evolução do poder anónimo para o poder personalizado e a passagem deste para o poder institucionalizado.

Durante séculos, os membros do grupo obedeciam ao chefe, ao pater, ao ancião, porque se habituaram a submeter-se às suas ordens, a pedirem os seus conselhos, a respeitarem as suas orientações. Posteriormente, os governados viram no homem, investido dos atributos do poder, o chefe, quer dizer, aquele que comanda, porque ninguém ousa contestar a oportunidade das suas ordens, ou porque a sua força era justificação suficiente da obediência. Não se procura aprofundar o seu merecimento para o exercício do poder. «As terras e os muros que eram a fonte visível do poder serviam-lhe tanto de rótulo como de justificação», observou Marc Bloc em «La Société Féodale». O poder era uma prerrogativa pessoal; e daí o receio de que os atributos da autoridade, a sanção, o poderio fossem desviados dos seus fins para serem utilizados segundo a conveniência do chefe.

Desse receio e do arbítrio a que haviam estado expostos nasceu, na consciência dos governados, um dilema que se tornou numa poderosa alavanca da evolução política: ou o poder se ligava a uma função onde encontrasse ao mesmo tempo a sua legitimidade e os seus fins, ou então ele era uma propriedade de certos indivíduos e, por conseguinte, o instrumento da sua vontade ou das suas fantasias. Uma vez claramente posta a alternativa, era inevitável que o segundo termo fosse condenado, pois, como sublinhou Burdeau, «para que se formasse o conceito de Estado moderno, era necessário que o poderio, que é a possibilidade de ser obedecido, se reforçasse com a autoridade, que é a qualidade para dar ordens». Era preciso que o poder se institucionalizasse, que se dissociasse da autoridade da pessoa que a exerce. Esse passo foi dado através da legitimação do poder nos princípios e nas crenças admitidos pela comunidade: a Realeza incorpora-se no sentimento popular e aparece como o órgão político natural. A Coroa, e não o rei, torna-se a titular do poder, do poder institucionalizado, e já não do poder pessoal ou personalizado. E, quando Luís XIV pronuncia a célebre frase «o Estado sou eu», ele exprime bem a coincidência entre a pessoa real e a instituição Estatal. Não é o Estado que se encarna num homem, é o homem que se confunde com o Estado. Na instituição estatal, o poder não é o poderio pessoal dos indivíduos que se servem das suas prerrogativas, mas sim o poder institucionalizado.

Entretanto, o desenvolvimento do Estado moderno implicou que o poder deixasse de residir exclusivamente na Coroa e fosse tributário de diversos órgãos, que constituem em conjunto o seu aparelho do poder. Assim, o Chefe do Estado, o Parlamento, o Governo, a Administração, os Tribunais, as Forças Armadas e a Polícia, e os órgãos do poder regional e local constituem as instituições do Aparelho do Poder do Estado, e da sua interligação e interacção, bem como da sua relação com estruturas não estaduais que intervêm de uma forma ou de outra nos processos de decisão, decorre o sistema político da sociedade.

O sistema político da sociedade, entendido como o conjunto dos processos de decisão e das relações de poder, através dos quais se definem as normas de conduta e as regras de convivência e se distribuem os recursos, compreende diferentes tipos de poder com os quais o poder político está em interacção permanente, tais como: o poder económico, o poder religioso, o poder militar, o poder burocrático, etc. Poderes estes que influenciam e condicionam as instituições e os órgãos que desfrutam da faculdade de definir os objectivos gerais da sociedade politicamente organizada e de equacionar os meios e mobilizar os recursos necessários para alcançar esses objectivos.

2. A Segurança: Conceito e Dimensões

Se compulsarmos o Dicionário da Língua Portuguesa Contemporânea, da Academia das Ciências de Lisboa, encontramos diferentes definições do termo «segurança», de acordo com a perspectiva dimensional da realidade a que respeita. Assim, na página 3367 do II volume, define-se *segurança* como: a) *«carácter, natureza ou condição do que é estável, firme ou seguro»*, b) *«situação em que não há qualquer perigo a temer»*; c) *«estado de tranquilidade ou de confiança que resulta da ausência de perigo»*.

O conceito de segurança é, pois, pluridimensional; e engloba o carácter, a natureza e as condições de um estado de tranquilidade resultante da ausência de qualquer perigo. Por conseguinte, pode-se entender por segurança *«o estado de tranquilidade e de confiança mantido por um conjunto de condições materiais, económicas, políticas e sociais, que garante a ausência de qualquer perigo, tanto para a colectividade como para o cidadão individualmente considerado»*. E daí que se fale em segurança colectiva e em segurança individual; esta necessária para garantir a usufruição dos direitos de liberdade, aquela indispensável para preservar a ordem social estabelecida.

Garantir a segurança individual e colectiva é uma das obrigações do Estado com vista à realização das suas finalidades: *conservação, justiça e bem-estar social.*

O Estado existe porque a sociedade acredita que sem ele não é possível manter a paz interna e assegurar a defesa externa. Assim, a segurança das pessoas e dos bens e a preservação dos valores constituem um dos objectivos do Estado. Mas a paz e a tranquilidade entre as pessoas e os grupos sociais por elas constituídos só será durável se assentar em relações de respeito mútuo, pelo que outro objectivo do Estado consiste na manutenção da justiça, quer da justiça comutativa, quer da justiça distributiva. Por outro lado, sendo as pessoas e os grupos sociais impotentes para, isoladamente, satisfazerem todas as necessidades materiais e espirituais, compete ao Estado promover, total ou parcialmente, a sua satisfação; e, por isso, outro objectivo do Estado é a promoção do bem-estar social da colectividade.

Nenhum Estado, como instituição que é, pode manter a segurança das pessoas e dos bens e preservar os valores e os padrões culturais,

Poder Político e Segurança Interna

ou assegurar a manutenção da ordem, sem primeiro cuidar da sua preservação. Por isso, o fim de conservação do próprio Estado corresponde à necessidade evidente de preservação institucional e é o primeiro motivo determinante para a organização e estruturação do Aparelho do Poder Político. De facto, a primeira finalidade do Estado, como a de qualquer ser vivo, é a da sua sobrevivência, da sua conservação. Finalidade essa que se traduz na defesa externa e na segurança interna e se materializa na defesa do território, na segurança das pessoas e dos bens, na preservação dos valores e na garantia da coesão social da colectividade.

É, pois, evidente que a existência do próprio Estado comporta a responsabilidade deste garantir a segurança da colectividade – segurança colectiva – e a segurança de cada um dos cidadãos – segurança individual. E daí que, depois do triunfo do liberalismo nos finais do século XVIII e princípios do século XIX, as Leis Fundamentais dos Estados e as declarações, cartas, convenções e pactos por eles subscritos e aprovados, relativos aos direitos do homem, insiram nos seus articulados disposições relativas à segurança das pessoas e dos valores. Na verdade, todas as Leis Fundamentais portuguesas consagram disposições relativas à segurança individual[3], e as declarações, convenções

---

[3] A Constituição de 23 de Setembro de 1822 enumera, no seu Título I, a liberdade, a segurança pessoal e a propriedade como direitos fundamentais, sublinhando, no art.º 3.º, que «a segurança pessoal consiste na protecção, que o governo deve dar a todos, para poderem conservar os seus direitos pessoais». A Carta Constitucional de 29 de Abril de 1826 enumera, no seu último artigo (art.º 145.º), os direitos de liberdade, de segurança individual e de propriedade, e alguns direitos sociais. A Constituição de 4 de Abril de 1838 enumera, no seu Titulo III, os direitos e garantias já consagrados na Constituição de 1822 e na Carta Constitucional de 1826, entre os quais figura o direito à segurança pessoal. A Constituição de 21 de Agosto de 1911 consagra o seu Título II aos direitos e garantias individuais, e proclama, no art.º 3.º, que a Constituição garante a portugueses e estrangeiros residentes no país a inviolabilidade dos direitos concernentes à liberdade, à segurança individual e à propriedade. A Constituição de 11 de Abril de 1933 dedica o seu art.º 8.º aos direitos e garantias individuais dos cidadãos portugueses, entre os quais, o direito à vida e integridade pessoal. E a Constituição de 2 de Abril de 1976 dedica a sua I Parte, ao longo de 68 artigos, à consagração dos direitos e deveres fundamentais dos cidadãos portugueses, especificando o art.º 27.º o direito à liberdade e segurança, nos seguintes termos: a) «Todos têm direito à liberdade e à segurança»; b) «Ninguém pode ser total ou parcialmente privado da liberdade, a não ser em consequência de sentença judicial condenatória pela prática de acto punido por lei com pena de prisão ou de aplicação judicial de medida de segurança».

e cartas concernentes aos direitos humanos, nas quais Portugal é Estado-parte, consagram disposições relativas à liberdade e segurança pessoal[4].

3. O Poder Político e a Segurança Interna

As considerações que fizemos nas páginas anteriores a respeito da natureza, das fontes, dos instrumentos e das formas de afirmação do poder na sociedade referem-se, genericamente, ao poder político, ou seja, ao poder da instituição estatal, que desfruta do «monopólio da violência legítima», segundo a terminologia de Max Weber, isto é, que goza de capacidade para adoptar decisões obrigatórias e irresistíveis com vista à realização dos objectivos da sociedade politicamente organizada.

Aos detentores do poder político, do poder estadual, incumbe, pois, definir os objectivos gerais da sociedade, programar a actividade da direcção superior da colectividade e equacionar e mobilizar os meios materiais e humanos necessários para desenvolver as acções indispensáveis à realização dos objectivos estabelecidos que consubstanciam a razão de ser da própria comunidade estatal.

Como atrás sublinhámos, um dos objectivos concretos prosseguidos pelo Estado consiste em garantir a segurança das pessoas e dos bens indispensável à realização dos chamados fins abstractos do Estado: *fim de conservação, fim de justiça e fim do bem estar social.*

O Estado, ou melhor, o Aparelho do poder político tem consciência de que não é possível conservar a sociedade politicamente organizada, nem assegurar a realização da justiça comutativa e distributiva, nem promover o bem-estar material e espiritual, se não existir entre a população (o povo) um sentimento de estabilidade e de confiança assente na ausência de qualquer ameaça externa e perigo interno.

---

[4] A Declaração Universal dos Direitos do Homem, de 10 de Dezembro de 1948, estabelece, no seu art..º 3.º, que «todo o indivíduo tem direito à vida, à liberdade e à segurança pessoal». A Convenção Europeia de Salvaguarda dos Direitos do Homem e das Liberdades Fundamentais, de 4 de Novembro de 1950, consagra o seu art.º 5.º ao direito à liberdade e à segurança, dispondo que «toda a pessoa tem direito à liberdade e segurança». E a Carta dos Direitos Fundamentais da União Europeia, de 7 de Dezembro de 2002, dispõe, no seu art.º 6.º, que «todas as pessoas têm direito à liberdade e segurança».

Poder Político e Segurança Interna 33

E, por isso, o poder político define a ordem social que lhe parece mais adequada à prossecução dos fins do Estado e estabelece os mecanismos de correcção dos desvios e das perturbações dessa mesma ordem social, por forma a que as pessoas se sintam seguras, os bens estejam protegidos, os valores salvaguardados e o grupo (a colectividade) mantenha a sua coesão social.

A ordem social estabelecida constitui o fundamento da segurança individual e da segurança colectiva e é a garantia do respeito pela vida íntima, pela vida privada e pela vida pública. Por isso, o poder político, a sociedade civil e os cidadãos desenvolvem um esforço conjunto para preservar a ordem social, como condição indispensável ao exercício dos direitos do homem e das liberdades fundamentais.

A ordem social traduz-se num equilíbrio entre as normas legalmente tipificadas e os usos, costumes e tradições culturalmente enraizados. Equilíbrio esse que assenta num conjunto de regras de conduta reguladoras do comportamento dos indivíduos, dos grupos e das instituições.

Para garantir a manutenção da ordem social estabelecida, o poder político define os parâmetros, estabelece os instrumentos, adopta os mecanismos e mobiliza os meios indispensáveis para assegurar a estabilidade e manter a confiança dos cidadãos integrantes da sociedade politicamente organizada. O poder político organiza, pois, *a segurança interna* da sociedade, a qual, nos termos do n.º 1 do art.º 1.º da Lei n.º 20/87, de 12 de Junho, (Lei de Segurança Interna), consiste na «*actividade desenvolvida pelo Estado para garantir a ordem, a segurança e a tranquilidade públicas, proteger pessoas e bens, prevenir a criminalidade e contribuir para assegurar o normal funcionamento das instituições democráticas, o regular exercício dos direitos e liberdades fundamentais dos cidadãos e o respeito pela legalidade democrática*».

Nesta perspectiva, compete ao Aparelho do Poder do Estado, criar as condições de estabilidade, tranquilidade e confiança, que garantam a ausência de medo, de receio, de inquietação, de ansiedade, de angústia, de perturbação, isto é, que garantam a segurança das pessoas e dos bens e a preservação dos valores sociais enraizados na sociedade.

A segurança das pessoas e dos bens e a preservação dos valores são indispensáveis à manutenção da ordem social estabelecida e à conservação da sociedade politicamente organizada; e são também necessárias para que os direitos do homem e as liberdades fundamentais sejam usufruídos e os princípios da dignidade, da liberdade e da igualdade sejam respeitados.

Quer dizer que a segurança das pessoas e dos bens e a preservação dos valores constituem um dos objectivos concretos prosseguidos pelo Aparelho do Poder do Estado; mas são também um instrumento indispensável para manter a ordem social estabelecida e um meio necessário para garantir a coesão social do grupo (da colectividade) e evitar a desintegração do próprio Estado. E, por isso, o poder político preocupa-se em criar os instrumentos, estabelecer os mecanismos e mobilizar os recursos materiais e humanos destinados a manter a ordem social legalmente estabelecida e legitimamente aceite, a garantir a estabilidade e a segurança das pessoas e dos seus bens e a preservar a coesão social da colectividade. Recorre aos meios de comunicação social e às instituições de educação e ensino para persuadir, sensibilizar e condicionar os indivíduos a adoptar um comportamento consentâneo com as normas de conduta subjacentes à ordem social definida. Mas recorre também ao princípio da autoridade para evitar os desvios e as perturbações e para garantir o respeito pela legitimidade democrática – respeito pelos princípios da dignidade, da liberdade, da igualdade e da solidariedade – e assegurar o normal funcionamento das instituições.

Conclusão

A análise da natureza do poder e da sua afirmação na sociedade e o estudo sobre a segurança das pessoas e dos bens, que fizemos nas páginas anteriores, permitem-nos chegar às seguintes conclusões:

1. A afirmação do poder político, da faculdade de fazer obedecer, foi evoluindo ao longo da história da humanidade. Impôs-se através da personalidade: o medo e o receio geravam a obediência. Manifestou-se por intermédio do recurso a recompensa positiva: a obediência conseguia-se pela recompensa pecuniária, pela concessão de favores e pelo elogio público. Afirmou-se pelo condicionalismo social: obtia-se e (obtem-se) a submissão e a obediência mediante a persuasão, a educação e o compromisso social. E daí que John K. Galbraith, tendo

em conta os instrumentos que o poder utiliza, fale em *poder condigno*, em *poder compensatório* e em *poder condicionado*, sendo a *personalidade*, a *propriedade (riqueza)* e a *organização* os principais atributos que outorgam a capacidade para definir as normas de comportamento e exigir que sejam respeitadas.

2. A evolução da afirmação do poder político passou, na óptica de Max Weber, por três formas de dominação: *tradicional, carismática e racional*. A primeira alimenta o *poder anónimo*, a segunda sustenta o *poder personalizado* e a terceira fundamenta o *poder institucionalizado*. Nesta perspectiva, o poder político começou por ser um poder anónimo, foi depois um poder personalizado e evoluiu para um poder institucionalizado. Quer dizer que o poder deixou de se fundar no carácter sagrado das tradições, passou a alicerçar-se na confiança depositada numa pessoa, e, posteriormente, legitimou-se na legalidade das determinações adoptadas pelas instituições do poder.

3. Com o aparecimento do Estado moderno o poder político institucionalizou-se, dissociando-se da pessoa que o exerce e residindo na instituição que outorga o direito de exercê-lo. Entretanto, o desenvolvimento do Estado moderno fez com que o poder político deixasse de residir exclusivamente no órgão superior do Estado – a Coroa – e fosse tributário de outros órgãos que constituem, em conjunto, o Aparelho do Poder do Estado. Assim, o Chefe do Estado, o Parlamento, o Governo, a Administração, os Tribunais, as Forças Armadas, a Polícia e os órgãos do poder regional e local constituem as instituições do Aparelho do Poder Estadual, conforme sublinhou Ralph Miliband.

4. Ao poder político, ou melhor, aos detentores da faculdade de fazer obedecer compete criar as condições necessárias e indispensáveis à conservação da sociedade politicamente organizada.

5. A conservação da sociedade politicamente organizada, ou seja, a preservação do Estado, exige que as pessoas vivam em tranquilidade e segurança, que os bens sejam protegidos e que os valores culturais sejam preservados.

6. Para garantir a tranquilidade das pessoas, proteger os bens, preservar os valores culturais enraizados na sociedade e assegurar a coesão da colectividade, o Aparelho do poder político estabelece a ordem social da comunidade politicamente organizada e zela pelo seu respeito e preservação.

7. A ordem social estabelecida constitui a garantia do respeito pela vida íntima, pela vida privada e pela vida pública e consubstancia-se num conjunto de normas de conduta reguladoras do comportamento dos indivíduos, dos grupos e das instituições.

8. A preservação da ordem social é um imperativo do poder político, já que é indispensável ao exercício dos direitos do homem e das liberdades fundamentais. E, por isso, o poder político cria os instrumentos e estabelece os mecanismos destinados a evitar e a corrigir os desvios e as perturbações dessa mesma ordem social, isto é, organiza a segurança interna da colectividade.

9. A segurança interna consiste, nos termos da Lei n.º 20/87, de 12 de Junho, na «actividade desenvolvida pelo Estado para garantir a ordem, a segurança e a tranquilidade públicas, proteger pessoas e bens, prevenir a criminalidade e contribuir para assegurar o normal funcionamento das instituições democráticas, o regular exercício dos direitos e liberdades fundamentais dos cidadãos e o respeito pela legitimidade democrática».

10. A segurança interna da sociedade politicamente organizada não depende apenas da responsabilidade do Estado e das instituições por este criadas para esse efeito; depende também dos cidadãos individualmente considerados, dos grupos, do sistema cultural e dos diversos elementos integrantes do sistema político da sociedade.

11. A segurança interna é, simultaneamente, um objectivo prosseguido pelo Estado e um instrumento necessário para manter a ordem social estabelecida, garantir a coesão social da colectividade e evitar a desintegração do próprio Estado. Por conseguinte, quanto melhor se conhecerem as estruturas estaduais e não estaduais, as relações de poder e os processos de decisão e quanto maior for a consciencialização de cada um quanto aos seus direitos e obrigações, mais seguras se sentirão as pessoas, mais protegidos estarão os bens e melhor salvaguardados estarão os valores e os padrões culturais enraizados na própria sociedade.

Bibliografia

BURDEAU, Georges – «*O Estado*», Lisboa, Pub. Europa/América, 1981.

DIAS, Manuel D. A. – «*Liberdade, Cidadania e Segurança*», Coimbra, Liv. Almedina, 2001.

FERNANDES, A. J. – «*Introdução à Ciência Política*», Porto Editora, 1995.

GALBRAITH, John K. – «*Anatomia do Poder*», Lisboa, Ed. Difel, 1988.

MILIBAND, Ralph – «*O Estado na Sociedade Capitalista (Uma Análise do Sistema de Poder no Ocidente*», Vol. I e II, Editorial Presença, 1977.

RUSS, Jacqueline – «*Les Théories du Pouvoir*», Paris, Librairie Général Française, 1994.

RUSSEL, Bertrand – «*O Poder: Uma Análise Social*», 2ª ed., Lisboa, Editorial Fragmentos, 1993.

LEI DE SEGURANÇA INTERNA (Lei n.º 20/87, de 12 de Junho).

A ORDEM E O CAOS:
FACTORES DE INFLUÊNCIA PARA A CONSTRUÇÃO
DE UMA TIPOLOGIA DE SEGURANÇA

ROCHA MACHADO*

Introdução

O tema "segurança" entrou no quotidiano e passou a interessar um número crescente de pessoas. Não se trata de um facto novo, mas de uma maior sensibilidade para este fenómeno que preocupa simultaneamente os cidadãos e o Estado.

A difusão de acontecimentos desta natureza tem contribuído para despertar e acelerar a inquietude das pessoas, gerando um clima de insegurança psicológica, quase esquizofrénico e, por vezes, sem fundamento real.

O estado de insegurança terá sido normal ao longo do processo evolutivo obrigando o homem a reunir as suas capacidades ofensivas e defensivas para enfrentar as adversidades. O despertar e acelerar da agressividade tem, portanto, uma relação estreita com a sobrevivência e com a auto-conservação. Tais comportamentos consolidaram-se e tornaram-se uma forma de vida. Por isso e apesar da alternância de períodos de maior ou menor estabilidade, momentos de maior ou menor segurança, a possibilidade de conflito foi e será sempre uma condição latente, mas presente no fluir da vida societária. A história prova-o sobejamente. Estádios de euforia e de depressão, períodos de progresso e de estagnação, situações de paz e de guerra terão ocorrido numa espécie de movimento alternado, mas endémico à

---

* Doutor em Ciências Sociais/Ciência Política, Professor no Instituto Superior de Ciências Policiais e Segurança Interna e no Instituto Superior de Línguas e Administração.

dinâmica social. A observação longitudinal das sociedades prova estes factos.

A estabilidade e a segurança terão sido desde sempre situações efémeras, muitas vezes relacionadas com ciclos económicos ou políticos. Esta ciclicidade gerou, por vezes, contrastes imprevisíveis e impiedosos.

Se se situar o problema da segurança nos últimos dois séculos, pode verificar-se que o século XIX se apresentou como um dos momentos de maior euforia pelas esperanças espoletadas em diferentes dimensões da vida humana, cultural, política, económica ou científica. A explosão do conhecimento e a dinâmica da inovação tecnológica abriram um mundo de oportunidades sem horizonte à vista. A qualidade de vida emergia em crescendo como realidade inquestionável, abrangendo diversos quadrantes da actividade humana. A ideia da irreversibilidade do progresso tomava corpo e auspiciava o desenvolvimento da bondade e da fraternidade humana, superando-se a disfuncionalidade comportamental. Parecia estarem criadas as condições para a construção de um mundo melhor. Paralelamente, a libertação política do homem, que começava a desenhar-se e a ganhar forma, devolvia-lhe aquilo que, por direito, lhe pertencia – *a liberdade*. O ambiente geral era de equilíbrio, estabilidade e esperança. Todavia, se em alguns aspectos houve progresso notável, noutros pouco se avançou. O ambiente de expectativa e de esperança que acreditou na bondade estrutural do ser humano, não se confirmou. De facto, tratava-se de uma ingenuidade. No homem persistiam os tradicionais condicionamentos hereditários. É esta contingência que explica a alternância dos seus actos entre o plausível e o reprovável, entre o sublime e o miserável. Soube, porém, adaptar-se a diferentes realidades e gerir a incongruência dos seus actos sem que fosse alterada a sua herança genética. Há que o reconhecer e aceitar. O desejo não muda a realidade. Esta é como é e não como se pretende que seja.

É destas questões que se tratará seguidamente.

1. A natureza humana e a compatibilidade de processos

A agressividade está implantada no ser humano desde a sua origem. O seu excesso, que se traduz na violência, é uma possibilidade real, presente em todos os momentos e em todas as sociedades, podendo eclodir se as condições o provocarem e favorecerem. Por isso, há que reconhecer esta possibilidade e conviver com ela. Só por ingenuidade ou conveniência circunstancial se acalentará a esperança de a erradicar da natureza humana. Aliás, é de supor que nem sequer seria desejável. Em si mesma a agressividade é positiva, pois não só acciona o sistema humano como favorece o aperfeiçoamento e a evolução.

A crença impulsiva e desacautelada que vislumbra a supressão da violência pela força, representa um total desconhecimento da natureza humana e do funcionamento do seu mecanismo psíquico. E basta lembrar Saint-Éxupery, quando considera que "um vencido não tem problemas" porque nada tem a perder. Mas tudo pode ganhar se o almejar. Esta circunstância suscita uma reflexão cuidada para evitar situações cuja viabilidade de controlo não tenha sido devidamente estimada. Tem-se disso provas que bastem, no passado como no presente.

Se a possibilidade de eclosão da violência existe no ser humano, existirá por extensão nas sociedades. Por isso será uma ameaça latente mas permanente, que se pode intensificar ou retrair de acordo com a presença ou ausência de variáveis psicológicas ou socio-económicas, como por exemplo a frustração ou o desemprego. Salienta-se, todavia, que as formas de manifestação da violência são diversas, podendo umas ser mais sensíveis e visíveis que outras, mas nem por isso de maior eficácia. Resta então enfrentar esta realidade genética polifacetada, geradora de perturbação e insegurança, assumindo-a como uma tarefa colectiva cujo combate e controlo compete em primeiro lugar ao cidadão e em segundo lugar às instituições que têm essa incumbência. Trata-se, por isso, de uma tarefa que deve ser assumida colectivamente, pois só assim poderá resultar.

É, porém, de realçar que tudo o que é vivo é dinâmico e caótico. Por isso, não seria imaginável nem desejável uma sociedade sem conflitos, sem contestação e até sem marginalidade. Esse construto não passaria de um cenário utópico. Resta então regressar ao homem, à sua realidade intrínseca para não hierarquizar com base na auto-paradigmatização das condutas, pois não há homens perfeitos, impolutos, democratas ou de estirpes ideais, concebidos geneticamente. Poderá, todavia, haver quem perfilhe essa filosofia, dela esteja convencido e a proteja. Mera convicção e nada mais.

Os homens tiveram sim a inteligência e a virtude de se organizarem politicamente e neste aspecto deram provas da diferença em relação a outras espécies. Mas fizeram-no na base de uma suposta convenção, a um tempo tácita e explícita.

Sublinhe-se, porém, que o estado actual da evolução humana é o corolário da vasta diversidade de experiências vividas, que muitas vezes terão posto à prova e evidenciado o mais reprovável dos instintos agressivos, a violência.

A luta infrene desencadeada para dominar os seus semelhantes e para dominar o meio envolvente, prova como reagiu às adversidades, não se poupando a cometer as maiores barbaridades. A guerra[1] foi e é disso mesmo, o expoente máximo. A banalidade do mal, da violência e da destruição são fenómenos que têm feito parte do quotidiano das sociedades, embora repudiados por todos. Resta então agir para conter ou minimizar essa realidade que é a agressividade e a violência, dignificando assim a própria humanidade.

2. O homem: da unidade à construção da identidade

Foi na luta pela sobrevivência e afirmação que o homem se temperou, provou o próprio valor e construiu a sua identidade. Mas ao mesmo tempo que uniu as forças que enformam o seu sistema psíquico conferindo-lhe organização, estrutura, unidade e identidade, condições básicas para assegurar a estabilidade individual, despertou e accionou as forças instintivas, tornando-as verdadeiros agentes da agressividade e da violência.

Sabe-se que as actividades humanas são intrinsecamente finalistas, procurando responder aos desejos naturais inscritos no sistema biológico. Presume-se que o homem tenha desde sempre procurado encontrar condições que lhe proporcionassem uma vida melhor e mais vantajosa. Admite-se que as exigências do processo evolutivo sejam responsáveis pelo desenvolvimento da agressividade e esta seja decisiva no desencadear da violência e da guerra. Estes factos que foram considerados quase normais e vulgarizados, particular-

---

[1] Cfr Bouthoul, Gaston – *O Fenómeno Guerra*, Lisboa, Editorial Estúdios Cor, 1966, pág. 10.

mente nas sociedades mais primitivas, são hoje formalmente reprovados. É, todavia, evidente que as sociedades actuais, pese embora a sua humanização e sensibilidade crescentes, põem claramente em evidência o uso dos mesmos meios. Não houve, portanto, mudança neste domínio. A conduta do homem de hoje é semelhante à do homem de outrora. As metamorfoses sofridas não afectaram o essencial e, neste particular, o instinto de agressão. E é por isso que os factores responsáveis pela violência permanecem latentes mas activos, continuando a manifestar-se sempre que provocados. O facto de se realçar a preservação da estrutura genética não significa que não se reconheça que o homem evoluiu, adaptou-se e soube responder de modo ajustado à crescente sensibilidade humana e às exigências culturais de cada época. Esta versatilidade prova que se desenvolveu intelectualmente e consequentemente a influência dos instintos no comportamento, regrediu. As mudanças efectuadas foram, apesar de tudo, mais de forma do que de fundo.

No homem, o egocentrismo é biológico e a tendência para emergir, submetendo o que o rodeia, responde naturalmente por acção reflexa ao sentido de auto-conservação e de afirmação. Isto permite compreender a razão da guerra que foi um meio usado para concretizar tal intenção. As necessidades básicas de defesa e de segurança em relação ao mundo exterior fizeram supor que este conteria no seu interior adversidades[2], ameaças e perigos capazes de atentar contra a sua integridade. É esta conjectura que permite compreender que em sociedade o estado de conflito, manifesto ou latente, seja natural e normal e que a busca da segurança configure uma tarefa quotidiana. Perante os seus condicionamentos genéticos o homem mostra a cada passo e de diferentes formas, indícios de violência, facto que corrobora a ideia de que seja uma realidade não só intrínseca, mas também inerradicável. Pode assim concluir-se que embora o estado de segurança e tranquilidade seja considerado o estado normal, enquanto o estado conflitual e violento seja o não normal e por isso mero acidente de percurso, a realidade mostra sobejamente que assim não acontece. A confirmá-lo, estão os fenómenos bélicos actuais.

---

[2] Cfr. Moscovici, Serge – *A Sociedade Contra-natura*, Lisboa, Livraria Bertrand, 1977, pág. 17.

As considerações tecidas permitem aclarar a realidade que enforma o ser humano, levando a admitir que, no mais íntimo e profundo do seu sistema organo-psíquico, existirá qualquer disposição inscrita e indelevelmente implantada, cuja manifestação em forma de agressividade e violência assegura a sua integridade e sobrevivência. A evolução cultural e o controlo social tiveram apenas o condão de refrear a manifestação de certos instintos ou de lhes apontar a oportunidade de se declararem. No entanto e no essencial, pouco se alterou. O homem é o que sempre foi. E é assim que tem de ser considerado e aceite, pois é ele que faz a história[3].

3. A invenção da organização social: o Estado

As regras a que o homem se permitiu submeter para viver e conviver em sociedade obrigam-no a controlar os seus impulsos e desejos. Esta condição ao mesmo tempo que contraria a sua dinâmica psicológica, disponibiliza alguns benefícios nomeadamente de âmbito social e de pertença. O caos psico-orgânico que o indivíduo se esforça por controlar e gerir de modo a preservar a unidade e o equilíbrio, acaba por beneficiar da intervenção dos diversos mecanismos do Estado a isso destinados. A preservação da vida societária dentro de parâmetros pré-definidos a isso obriga porque é essencial para garantir o nível de segurança desejado impondo a contenção da agressividade e da violência. Por isso a sociedade funciona como um repositório de energia potencialmente violenta. Não há, neste aspecto, novidade, pois sempre assim foi. A eclosão da violência e de barbárie sempre existiram. Todavia o conhecimento desses factos não tinha a difusão nem a amplitude que hoje conhecem com o uso das tecnologias audiovisuais que levam a informação a toda a parte generalizando o seu conhecimento. Esta é a grande novidade.

A expectativa de que a evolução cultural tendesse a reduzir a violência, não se confirmou. Os factores que a explicavam no passado, são os mesmos que a explicam no presente. Nada de novo a não ser a sofisticação de processos derivada da evolução tecno-científica.

---

[3] Cfr. Maltez, José A. – *Princípios de Ciência Política*, Lisboa, Edição do Instituto Superior de Ciências Sociais e Políticas, 1996.

Pense-se na violência física, económica, psicológica ou verbal, por exemplo. Há um claro consenso quanto à existência da agressividade e da violência na espécie humana, um pouco à semelhança do que acontece com outras espécies. Simplesmente no caso do homem é não só contida pela intervenção de mecanismos de auto-controlo assumidos individualmente, como também reprimida por mecanismos de hetero-controlo ao serviço do poder instituído. Nos animais tais características manifestam-se livremente, ao sabor da necessidade.

Os acontecimentos da Antiguidade a respeito da violência civil são elucidativos e não deixam dúvidas quanto ao espírito de barbárie que reinou. Daí para cá muita coisa mudou, mas de forma descontínua e parcelar. O séc. XIX e a primeira metade do séc. XX são disso prova. A este propósito não pode deixar de se salientar a violência do Estado contra os seus cidadãos, que conheceu um momento particularmente tumultuoso perpetrado pelos «regimes totalitários». Hoje este problema é menos comum. Todavia, não desapareceu. De um modo geral a segurança das pessoas acompanhou a evolução cultural e a organização das sociedades, integrando-se nelas naturalmente. Não é todavia despiciendo relevar que a organização social representou, embora nem sempre de forma visível e muito sentida, um crescendo da intervenção do Estado, homogeneizando e massificando os procedimentos e as condutas. A violência (privada ou de Estado) acabou por ser contida, mas mantém-se potencialmente disponível, podendo despertar e manifestar-se a qualquer momento se as condições lhe forem favoráveis. E esta é a questão essencial que importa reconhecer e prevenir, agindo de modo a não dar azo a que se manifeste.

Sublinhe-se que a liberalização crescente da vida do cidadão veiculada pelos regimes políticos democráticos, com a consequente redução da intervenção autoritária do Estado em matéria de controlo individual, deu corpo a novo posicionamento mais consentâneo com a defesa das liberdades do cidadão. Disso se irá ressentir a própria segurança. Ao Estado compete, por um lado zelar pelos direitos e liberdades dos cidadãos e, por outro lado pela sua segurança, desenvolvendo as actividades necessárias para que aqueles bens sejam garantidos. O novo posicionamento tende assim a corresponsabilizar o Estado e a sociedade civil pela preservação da estabilidade e da segurança, transformando-as numa tarefa colectiva. Apesar de tudo não se pode ignorar que *"competir"* faz parte incontornável da existência individual, para manter a máquina egoísta da sobrevivência[4] e, portanto, o fenómeno agressão está sempre em acção.

4. Sociedade: da punição à prevenção

O sistema psico-orgânico funciona numa dinâmica de diástole/ /sístole correspondendo a um movimento de expansão, apropriação e integração, de índole egocêntrica. A alternância de movimentos, centrífugo – centrípeto, prova como não abdica de exercer um controlo sistemático mais ou menos eficaz sobre o meio envolvente. Tal atitude poderá representar uma intervenção afirmativa e até abusiva em domínios alheios, capaz de gerar tensões, conflitos e outras situações congéneres.

Nesta perspectiva, o comportamento autoritário e prepotente que caracteriza o ser humano seria compreensível pois visaria preservar o poder, a integridade, a unidade e promover o auto-conceito[5], condições essenciais para manter a saúde e o equilíbrio psicológico. E não é possível contornar esta realidade, embora se reconheça que as manifestações autoritárias podem revestir formas de expressão muito variáveis, mais ou menos complexas e nem sempre claras quanto ao objectivo. Trata-se, pois, de uma característica natural. Resta reconhecê-la e controlá-la, fazendo cada um o esforço necessário para se dominar e ajustar à realidade envolvente. Ou, em alternativa, com as consequências que isso possa acarretar, accionar os mecanismos defensivos tradicionais como a arrogância, escudo da ignorância e promotora da prepotência, do autoritarismo e do despotismo, tentação habitual, por vezes inconsciente. Neste caso a cegueira racional instala-se e a realidade escurece-se perante a personalização da acção. E assim se fazem os pequenos *ditadores. Punir,* assume neste contexto um papel eficaz de controlo comportamental, com a ressalva que poderá desencadear uma reacção de sentido oposto, pois violência

---

[4] Cfr. Dawkins, Richard – *O Gene Egoísta*, Lisboa, Gradiva Publicações, 1989, págs. 121 e seguintes.

[5] Cfr. Hacker, Friedrich – *Agressividade, a violência do mundo moderno*, Livraria Bertrand, 1973, pág. 153.

gera violência, mesmo quando esta não tem a possibilidade de se manifestar em tempo real. A energia que a suporta permanecerá activa, aguardando oportunidade de se revelar. Sublinhe-se, no entanto, que dificilmente a punição será instrumento efectivo de controlo assumido por aqueles que a sofrem, pois sofrer não significa abdicar de praticar o acto que provocou tal sofrimento. Não havendo racionalização, reconhecimento, aceitação e interiorização, dificilmente deixará de ser praticado o acto que deu origem à punição. Esta, corre ainda o risco de ser banalizada. Sofrer não significa interiorizar directamente a não repetição da causa. Pelo contrário, pode despertar mecanismos de resposta. Há que reconhecer que a tendência humana manifesta-se a favor da punição, pois esta reafirma e reforça a autoridade [6].

Historicamente, a punição e a repressão conjugaram-se, por vezes, de forma impiedosa e foram mesmo um poderoso instrumento de controlo da violência e da criminalidade. O medo também funcionou como arma de controlo social, capaz de dissuadir a ousadia de certos tipos de abuso de características marginais. Todavia, este, também pode ser responsável pela eclosão da violência. Isto é, o seu papel é duplo, podendo ser «fonte de agressão ou meio de controlo da agressividade» [7].

5. Natureza do regime político e dialéctica repressão-prevenção

O processo de regulação da vida social tem uma ligação estreita com a natureza do regime político vigente que poderá ser mais ou menos sensível ao respeito pelos direitos humanos e pelas liberdades e garantias individuais. A tendência para a repressão incondicional da violência e da criminalidade, que foi pensamento e prática dominante em determinada época, veio a perder apoio, tendo merecido no séc. XX uma reflexão cuidada, que ponderou se deveria ser mantido e reforçado aquele procedimento ou se se deveria optar por uma

---

[6] Cfr. Foucault, Michel – *Surveiller et Punir*, Paris, Éditions gallimard, 1975, pág. 93 e seguintes.

[7] Hacker, Friedrich- Agressividade, a violência do mundo moderno, Lisboa, Livraria Bertrand, 1973, pág. 147.

nova filosofia social, assente numa prevenção mais organizada, mais abrangente e eficiente. Este tipo de reflexão ajustou-se à realidade que se começava a desenvolver, promotora da libertação política do homem que recuperava direitos naturais que lhe tinham sido usurpados. O advento da democracia espalhou uma nova aragem e inspirou uma reponderação dos procedimentos em matéria de repressão da violência. Considerou-se que esta, não sendo passível de erradicação da vida societária, deveria ser regulada e contida a níveis aceitáveis, capazes de preservar a organização e ordem social. O aparato policial que acompanhou as grandes transformações sociais (séc. XVII e séc. XIX), de natureza económica, de desenvolvimento do nível de vida, de crescimento demográfico, de aumento da riqueza, (apesar da desigualdade da sua distribuição), não teve outra finalidade senão proteger interesses particulares. De facto a repressão da violência foi, por vezes, posta ao serviço de certos interesses de classe, deixando de lado o seu verdadeiro objectivo. Ora a função policial visa responder a duas situações concretas. A primeira, refere-se à necessidade social de segurança de pessoas e bens, protegendo assim os direitos dos cidadãos o que lhe confere o carácter de serviço público e, portanto, é função cometida ao Estado. A segunda, tem como objectivo empenhar-se na descoberta dos delitos cometidos em sociedade punindo os seus autores e prevenindo-os, de modo a manter a criminalidade a um nível socialmente tolerável.

O que se referiu permite verificar que a dialéctica prevenção--repressão subsiste no âmbito da dinâmica e do discurso social, porque a sensibilidade à salvaguarda dos direitos humanos a isso obriga. Há, todavia, fenómenos que tendem a manifestar-se nas sociedades actuais que apontam como causa, a crescente desigualdade na repartição da riqueza gerada. Tal situação é particularmente preocupante, pois corporiza uma notória injustiça social de consequências complexas. De facto, a riqueza no mundo e em cada sociedade em particular, tende a concentrar-se em poucos, enquanto a pobreza alastra abarcando cada vez maior número de pessoas. Esta não será uma boa novidade para a paz e para a segurança. Mas é a realidade. Não se concebe um estado de paz e de segurança fundado na injustiça, particularmente no momento em que o número de espoliados cresce visivelmente a ritmo acelerado. A desigualdade será por certo um estímulo forte, capaz de gerar a violência e a criminalidade[8].

De facto a natureza humana tem tendência a reagir violentamente sempre que é ameaçada a sua integridade ou é dificultada a satisfação de certas necessidades. Um diagnóstico eficiente permite facilmente elencar um conjunto de situações capazes de espoletar a violência, sendo de particular evidência a desigualdade e a injustiça social. Estas são incontornavelmente geradoras e favorecedoras da criminalidade. O contrário será naturalmente verdadeiro, pois a justiça social reduzirá a violência e a criminalidade.

O abuso deliberado de processos repressivos é naturalmente gerador de agressividade, mesmo considerando o papel desempenhado pelo controle social e pela prevenção. Por todas as razões é mais que nunca importante envolver a sociedade na sua própria segurança. A prevenção da violência, de forma organizada, desempenha também um papel fulcral na estabilidade e na segurança.

A filosofia desenvolvida pelas sociedades democráticas, tendo em linha de conta as suas características, procura cada vez mais dar ênfase à prevenção, na medida em que esta tende a compatibilizar os direitos dos cidadãos com a sua segurança. Esta, que era tradicionalmente incumbência do Estado[9], é por este atribuída agora também aos cidadãos que nela se devem envolver. Trata-se de uma mudança estratégica, particularmente importante porque impõe um compromisso entre o poder instituído e o cidadão, numa luta que preserve um bem essencial que a um e outro serve.

6. A procura de um paradigma para o controlo da violência e da criminalidade

A grande questão das sociedades actuais situa-se na compatibilização das liberdades e garantias individuais dos cidadãos com a preservação da segurança e da ordem, uma vez que as causas da

---

[8] Cfr. Rico, José Maria (Compilação) – *Policía y Sociedad democrática*, Madrid, Alianza editorial, 1983, pág.121 e seguintes.

[9] Cfr. Valente, Manuel M. G. – *Dos Orgãos de Polícia Criminal – Natureza – Intervenção – Cooperação,* Coimbra, Livraria Almedina, 2004, págs 77 a 79.

agressividade e da violência persistem podendo declarar-se a qualquer momento e pôr em causa a unidade e estabilidade social.

Há, porém, que considerar que certos comportamentos violentos e até criminosos são do foro patológico e, nesses casos, a responsabilidade individual bem como a intervenção para os corrigir torna-se complexa e desencorajadora. A hipótese de existirem personalidades criminógenas não está fora de questão. Também não será despiciendo relevar que a violência, como a criminalidade, poderão directa ou indirectamente ter uma ligação com a miséria, com a inveja e com a competição social. De facto, de Platão a Aristóteles e de S. Tomás a Tomás Morus, todos de uma maneira ou de outra apontavam determinadas condições sociais como causas próximas da violência e da criminalidade.[10] Este aspecto merece uma atenção particular, não porque outros o não mereçam, mas porque o mundo actual que rejubila com a euforia da ostentação, da grandeza e da prosperidade tende a cavar fossos onde a pobreza e a miséria se acolhem e expandem desenfreadamente.

É de referir, em termos gerais, que a evolução intelectual abriu novos horizontes e desenvolveu o sentido de justiça, levando a não aceitar as coisas como aparecem, mas como deveriam ser. Por isso a irreverência social é, muitas vezes, a expressão objectiva da reacção à injustiça. O sentido do razoável tende a impor-se como valorizador da conduta humana. Admite-se que a conjugação do desenvolvimento intelectual com a percepção cada vez mais lúcida da injustiça e da desigualdade impulsionem no sentido da revolta. E, como um despojado não tem problemas, pois nada tem a perder, a sua acção só lhe poderá trazer benefícios. Por isso age. Importa, então, reponderar a situação e identificar as causas dos problemas, assumindo-as com frontalidade e com a disponibilidade de agir em conformidade tendo em vista uma solução de fundo.

A atitude repressiva com que algumas mentes menos esclarecidas se propõem solucionar os problemas da violência e da criminalidade, não passa de uma utopia e não contribuirá senão para provocar reacções de maior intensidade.

---

[10] Cfr. Dias, Figueiredo e Andrade, Costa – *Criminologia, O Homem delinquente e a Sociedade Criminógena*,, Coimbra, Coimbra Editora, 1997, págs. 6 e 7.

A inteligência e o sentido de justiça existem em todos os seres humanos, sem que existam homens predestinados. A percepção desta realidade e a constatação de que as classes políticas que na actualidade detêm o poder, como refere Pierre Salinger, raras vezes terem provado algum valor, não terem passado relevante e, por isso, não poderem granjear credibilidade e respeito, podem também contribuir para a própria descrença no sistema de poder instituído [11] e indirectamente na segurança. Esta circunstância acrescida do desarmamento moral que corrói as democracias, substantiva uma das mais fortes condições para a promoção da pusilanimidade e do disfuncionamento social.

Notas conclusivas

A "segurança", tal como foi abordada, revela-se como uma tarefa fundamental a prosseguir, pois as condicionantes que a põem em causa não são erradicáveis dos sistemas individuais e sociais pelo que resta contê-las e mantê-las dentro de limites toleráveis.

Mais do que nunca, a segurança de pessoas e bens está ameaçada, devendo-se este facto a diversas causas, onde se inclui o consumismo desenfreado e a ideia de que todos têm direito a tudo, não sendo também de subestimar o efeito da degradação da imagem dada pelos detentores do poder político e o sentido de justiça que existe e que cresce em cada ser humano. Há que reconhecer que o desenvolvimento intelectual, cultural e social, por um lado, e a clara percepção do crescimento das desigualdades sociais, por outro, convergem no sentido de gerar tensões sociais de intensidade imprevisível. Sabe-se que o ser humano dispõe de mecanismos genéticos de poder e de controlo, claramente desenvolvidos. E isso origina nele uma dinâmica de cariz centrífugo, em que procura apropriar-se do que lhe é exterior se lhe interessar e de uma dinâmica de cariz centrípeto, no sentido de tudo controlar e integrar na sua posse. Esta condição é necessariamente responsável pela instabilidade.

O Balanço que se pode fazer do que se disse tende a privilegiar a *prevenção,* evitando ou reduzindo o desvio e a consequente punição.

---

[11] Cfr. Pierre Salinger em entrevista ao «Jornal Público» de 7 de Outubro de 1996.

Este ponto de vista contribuirá para dissipar ou conter factores geradores de insegurança.

O medo, que foi no passado instrumento relevante de controlo social, tem vindo a perder a sua eficácia, à medida que são assumidos e livremente interpretados os direitos humanos.

Admite-se, também, que quanto maior for a desigualdade social e a percepção dessa mesma desigualdade, maior será a probabilidade da insegurança crescer e de se estender a diferentes domínios. A insensibilidade e cegueira das camadas mais favorecidas para com a situação de pobreza e de miséria que cresce e se torna endémica nas sociedades, poderá ter consequências imprevisíveis. A globalização, também dará o seu contributo, como consideram alguns estudiosos, ao alargar o fosso que separa as classes favorecidas das menos protegidas.

Assim poderá certamente afirmar-se que a redução da insegurança não passará pela repressão, mas pela integração e participação de todos na construção e preservação de um bem que a todos interessa – *a segurança*.

Bibliografia

ARENDT, Hannah – *Verdade e Política*, Lisboa, Relógio D'Água Editores, 1995.

BAYLE, Jean-Louis – *La Police, Approche socio-politique*, Paris, Montchrestien, E., 1992.

BESSA, António, Marques – *Quem Manda? – Uma Análise Histórico-Política do Tema da Elite*, Lisboa, Editor Instituto Superior de Ciências Sociais e Políticas, 1993.

BOUTHOUL, Gaston – *O fenómeno Guerra*, Lisboa, Estúdios Cor, 1966.

CAILLOIS, Roger – *Instintos e Sociedade*, Lisboa, estúdios cor, 1976.

CAMPS, Victoria – *Paradoxos do Individualismo*, Relógio D'Água Editores, 1996.

D'ALLONNES, Myriam – *Ce Que L'Homme Fait à L'Homme, Essai sur le mal politique*, Paris, Éditions du Seuil, 1995.

DAWKINS, Richard – *O Gene Egoísta*, Lisboa, Gradiva Publicações, 1989.

DIAS, Jorge Figueiredo e ANDRADE, Manuel da Costa – *Criminologia, O Homem delinquente e a Sociedade Criminógena*, Coimbra, Coimbra Editora, 1997.

ENRIQUEZ, Eugène – *Da Horda ao Estado, Psicanálise do Vínculo Social*, Rio de Janeiro, Jorgr Zahar Editor, 1990.

FERRY, Luc – *O Homem-Deus ou o Sentido da Vida*, Porto, Edições ASA, 1977.

GRUEN, Arno – *Falsos Deuses*, Lisboa, Paz-Editora de Multimédia, Lda, 1997.

HACKER, Friedrich – *Agressividade, a violência do mundo moderno*, Lisboa, Livraria bertrand, 1973.

L'HEUILLET, Hélène – *Alta Polícia, Baixa Política*, Lisboa, Editor Notícias, 2004.

LABIN, Suzanne – *A Violência Política*, Porto, Lello & Irmão Editores, 1978.

LAVAL, Guy – *Malaise dans la Pensée, essai sur la pensée totalitaire*, Paris, Publisud, 1995.

LEWONTIN, R. C. e outros – *Genética e Política*, Lisboa, Publicações Europa-América, 1987.

LORENZ, Konrad – *A Agressão, uma história natural do mal*, Lisboa, Relógio D'Água Editores, 1992.

MALTEZ, José Adelino – *Princípios de Ciência Política, Introdução à teoria Política*, Lisboa, Edição do Instituto Superior de Ciências Sociais e Políticas, 1996.

MOREIRA, Adriano – *Ciência Política*, Coimbra, Livraria Almedina, 1992.

SKINNER, Burrhus Frederic – *Para Além da Liberdade e da Dignidade*, Lisboa, Edições 70 Lda, 2000.

VALENTE, Manuel G. – *Dos Orgãos de Polícia Criminal, natureza. Intervenção. Cooperação*, Coimbra, Livraria Almedina, 2004.

O IMAGINÁRIO POLICIAL
Anti-Crime – O CANTO DA SEREIA

PEDRO JOSÉ LOPES CLEMENTE [*]

I. Prolegómenos

Meritíssimo Senhor Ministro da Administração Interna,
Distintíssimo Director Nacional da PSP,
Ilustres pares da mesa,
Excelentíssimos convidados e auditores:

Num contexto cultural marcado pelas modas efémeras e alienantes, representa, para mim, uma honra ímpar a participação no *I Colóquio de Segurança Interna*, pelo que agradeço o convite formulado e saúdo o Instituto Superior de Ciências Policiais e Segurança Interna pela realização desta iniciativa meritória.

Apesar das contribuições iniciais de Hegel e Auguste Comte, só, recentemente, o discurso da Ciência Política aplicada se apropriou do instituto policial, enquanto agência social de controlo social dos administrados. A abordagem de hoje incide sobre o imaginário policial anti-crime, partindo da ideia de polícia, formulada por Isócrate [1] (436-338 a.c.): *"La police est l´âme de la cité"*.

---

[*] Doutor em Ciência Política e Professor do Instituto Superior de Ciências Sociais e Políticas e do Instituto Superior de Ciências Policiais e Segurança Interna.

[1] Apud Jean-Marc Berlière, *Le Monde des Polices en France*, Éditions Complexe, Bruxelles, 1996, p. 9.

II. O mito da polícia anti-crime

Na sociedade actual, a ocorrência reiterada de incivilidades tende a produzir o renascimento do mito da polícia puramente repressiva, encarregada da caça impiedosa aos criminosos. Todavia, a missão das Forças de Segurança nunca se reduz à dimensão repressiva, indo muito para além disso, até à formação cívica para a cidadania. De facto, a maioria das acções policiais não se enquadram directamente no domínio da repressão criminal. A proporção do tempo do trabalho policial consagrado à repressão criminal é, por norma, inferior a 30%.

Hoje, a maioria dos agentes policiais considera a repressão criminal como o eixo central do mandato policial, prevalecente sobre o desiderato de manutenção da ordem pública. Coincidindo com a queda da taxa de criminalidade, a recentragem da acção policial sobre a repressão da criminalidade produz efeitos de relegitimação do aparelho policial.

Na opinião pública e na ficção policial (literária e fílmica), *"la police se définit comme un appareil dont la fonction première est de faire la chasse aux criminels – un anti-crime."* [2] Contudo, *"la répression du crime occupe une place subsidiaire dans l'action de la police."* [3] Ou seja, a realidade não condiz com a ficção.

Para além disso, as acções de policiamento nunca conseguem erradicar completamente a ilicitude criminal, até porque esta sucede, muitas vezes, em espaços geralmente vedados à acção policial – é o caso do domicílio – ou decorre de factores não directamente controlados pelos agentes policiais – é o caso do desemprego: *"l'impact de la répression policière sur l'evolution de la criminalité est sauf exception marginal et que l'influence de macro-facteurs de nature démographique, économique et sociale est d'un poids incomparablement plus grand que celui des activités de la police."* [4] A polícia confronta-se com o paradoxo de agir sobre o epifenómeno da delinquência, cuja dinâmica lhe escapa parcialmente, consequentemente,

---

[2] Jean-Paul Brodeur, *Le Chant des Sirenes,* Politiques, Polices et Justice au bord du futur, Textes réunis par Yves Cartuyvels, Françoise Digneffe, Alvaro Pires et Philippe Robert, collection Logiques Sociales, Série Déviance et Société, L'Harmattan, Paris, 1998, p. 302.

[3] Op. cit., p. 303.

[4] Op. cit., p. 304.

O Imaginário Policial Anti-Crime – O Canto da Sereia

a taxa de delinquência não serve de avaliador directo da actividade policial e do grau de segurança urbana existente.

III. O canto da sereia

Num mundo mediático, o Estado-espectáculo manifesta-se também no domínio da seguridade urbana. Mas, o discurso da Ciência Política não pode deixar-se embalar pela publicidade dum modo acrítico. Isto, serve para chamar à colação o caso do Polícia de New York, nos Estados Unidos da América considerando um modelo de sucesso exportável. Na aparência, a campanha promocional, conduzida pelo ex-chefe da Polícia de New York, William Bratton, entre 1994 e 1995, conseguiu fazer passar a mensagem de que tinha achado a solução certa para uma New York subjugada pelo crime, suportando-a em estudos policiais.

Belo é o canto da sereia ao som da sirene dos carros-patrulha, mas o Ulisses prefere libertar o mito. O discurso da Ciência Política não deve sucumbir à propaganda panfletária, ao melhor estilo do ex--presidente da Câmara de New York, Rudolph Giuliani, pelo que urge reflectir sobre o que realmente ali se passou, dado, ciclicamente, pretender-se aplicar o modelo noutros países, apesar do insucesso já registado na cidade do México. De facto, não foi até agora demonstrado, por qualquer estudo científico imparcial, a existência duma ligação directa entre a queda da taxa de criminalidade e a adopção dum estilo de policiamento mais agressivo e incisivo, ao estilo da Tolerância Zero, seja em New York, seja algures. De facto, o ex-chefe da Polícia de New York, William Bratton, reclamou que as reformas por ele introduzidas nessa polícia geraram a queda abrupta da criminalidade, nomeadamente a queda da taxa de homicídios em 46%, desde 1991. Para ele, a acção policial teve impacto real sobre a evolução da criminalidade.

Serenamente, a observação científico-social coloca sérias reticências a essa tese. Enquanto Kelling, co-autor do Broken Windows, se colocou ao lado de Bratton, Blumstein, o outro co-autor, alega que a reestruturação do mercado da droga contribuiu mais do que os resultados da repressão criminal, induzida por Bratton. Ambos apenas estão de acordo com a mais-valia resultante da implantação da aplicação informática denominada CompStat, destinada à comparação estatística da evolução da criminalidade local. Esta tecnologia informática permitiu quer a disponibilização de informação crítica para orientar o patrulhamento e a investigação criminal, quer a afectação de objectivos quantificáveis aos responsáveis por cada distrito policial da cidade de New YorK.

Decerto, o canto da sereia morreu na praia. Estudos científicos provam que nos Estados Unidos da América a taxa criminal diminuiu 7% de 1990 a 1995, atingindo, nesse ano, o valor mais baixo, desde 1985. O mesmo sucedeu no Canadá, com a criminalidade a descer 40% em Edmonton e 30% em Calgary, ambos no Estado de Albert, sem que tivessem implantado o modelo defendido por Bratton. A mesma baixa registou-se em quase todo o euromundo. Na Europa ocidental, a taxa dos crimes contra pessoas, incluindo o homicídio, sofreu também um recuo significativo.[5]

A baixa geral da criminalidade tem várias explicações:
– Tanto extrínsecas à acção policial:
  – Demográfica, com o decréscimo da população de perfil desviante (18 a 24 anos e sexo masculino);
  – Económica, com a melhoria das condições económicas e, logo, a redução do desemprego;
  – Criminal, com a mudança do tipo de droga consumível para os calmantes (heroína) em detrimento dos excitantes (crack, cocaína);
  – Heteróclita, com a melhoria dos cuidados hospitalares que baixaram as mortes por homicídios, e com a modificação da arquitectura e planificação urbana, aderindo à prevenção situacional, e ainda com as alterações climatéricas.
– Como intrínsecas:
  – Mudança das estratégias operacionais de patrulhamento e de vigilância, recuperando a valência repressiva, a par da manutenção do modelo proximal, orientando para a resolução do problema;
  – Responsabilização dos quadros policiais por uma gestão operacional por objectivos;

---

[5] Nelson Lourenço e Manuel Lisboa, *Violência, criminalidade e sentimento de insegurança*, separata da revista «Textos», n..º 2, Centro de Estudos Judiciário, Lisboa, 1992, p. 46.

- Aumento e rejuvenescimento e redistribuição do efectivo policial;
- Melhoria da qualidade e quantidade da tecnologia de informação ao dispor do serviço policial;
- Aumento do número de detenções;
- Seguimento mais cerrado dos bandos de delinquentes;
- Aumento da duração da pena aplicada aos delinquentes.
- Como ainda as intermédias:
  - Implicação da colectividade na luta anti-crime, através de parcerias;
  - Aparecimento de agências difusoras de diferentes conselhos de prevenção criminal.

No entanto, entre as causas próximas e as causas mais generalistas não existe uma exclusão de partes, quando se focaliza a acção policial sobre as causas e não os efeitos. Por isso, a evolução das políticas públicas tendem a testemunhar uma integração progressiva das medidas securitárias na política da cidade, inspiradas numa visão de prevenção situacional, orientada para a solução do problema.

Paradoxalmente, os estudos efectuados evitam referir-se ao desenvolvimento exponencial da segurança privada.

A postura agressiva, induzida por Bratton, gerou problemas sociais graves. As minorias queixaram-se de que houve apenas uma ocupação militar do espaço público e a repressão do direito à diferença, confundida com marginalidade, além do encher das prisões. De facto, os Estados Unidos da América, uma sociedade punitiva, viu a sua população prisional crescer à taxa de 8,5%, entre 1980 e 1995.[6] Decerto, o nosso legado às gerações futuras não deve ser mais prisões, mas sim mais inclusão social.

A visão da *Tolerância Zero* de Bratton perverte o valor da segurança ao torná-la uma forma de expressão da liberdade em vez duma condição da liberdade; houve uma inversão dos meios e dos fins. A segurança é um valor instrumental e não um valor-fim como a liberdade, desde do contratualismo de LocKe, pelo que não pode ser imposta à lei da baioneta, com o esmagamento da dignidade humana, como já sucedeu com a versão estalinista ou a nazi.

---

[6] Boaventura de Sousa Santos, *O espectro da América*, revista Visão, n.º 371, de 20//04/2000, Lisboa, p. 58.

A propaganda de Bratton quase apagou a experiência inovadora de *"Policiamento em Comunidade"*, advogada pelo anterior comissário da polícia de New York, Lee Brown (1990–1994), ao preferir investir no recorde da detenção de pessoas em vez da aproximação à comunidade, apesar da sobrelotação das prisões americanas. Bem entendido, Lee propunha que se olhasse para os factores subjacentes que produzem o crime, senão a América continuaria com as prisões cheias e as pessoas a perderam a vida. O próprio Rudolph Giuliani reconheceu publicamente o mérito de certos programas de prevenção social, como as "Escolas Exemplares", impulsionados pelo seu antecessor autárquico e rival político, David Dinkins, pois, já entre 1990 e 1993, ainda no mandato deste, começara-se a registar uma queda de 20% na taxa de homicídios, a qual atingiu o valor de 67%, em 2001, no final do mandato de Rudolph Giuliani, com o registo de 642 homicídios contra 2245 em 1990.

Na perspectiva da construtivista, o discurso politólogo realça o facto da subida dos padrões de prosperidade material não acarretar uma descida significativa da taxa de criminalidade. Por esse motivo, não é o ser social que tem de ser mudado, mas sim a consciência social. O crime é uma realidade construída.

Seja como for, houve pelo menos, internamente, proveitos acrescidos com a aplicação do modelo criado por Bratton, como sejam a descentralização da estrutura policial; a maior responsabilização da cadeia de comando e uma melhor avaliação dos resultados obtidos, face aos objectivos traçados e às metas elegidas.

IV. A natureza administrativa da polícia judiciária

Na Europa continental é usual a distinção entre a polícia administrativa e a polícia judiciária. Mas, isso não impõe a jurisdicionalização total da função de polícia.

Por norma, a caracterização da polícia judiciária é de ordem finalística: uma actividade auxiliar da justiça penal. Não obstante isso, a polícia judiciária partilha elementos comuns com a polícia administrativa. Aliás, certos serviços públicos têm simultaneamente competências de polícia administrativa e de polícia judiciária. Assim,

O Imaginário Policial Anti-Crime – O Canto da Sereia

a PSP[7] é uma polícia mista – um serviço de polícia administrativa com competências da polícia judiciária: *A polícia deve ao mesmo antever e afrontar o imprevisto.*"[8]

Hoje, já *"não acolhe uma pretensa diferença assente na reserva da prevenção dos perigos sociais a favor da polícia administrativa e da reserva da repressão à polícia judiciária"*[9]. Ora, a prevenção dos perigos abrange a acção destinada quer a prevenir a concretização de um perigo, quer a impedir a expansão de perigos já concretizados. Isso acontece tanto no âmbito da polícia administrativa, como no da polícia judiciária. Assim, exemplificando, uma operação de fiscalização de veículos numa estrada, para detectar eventuais infracções contra-ordenacionais ao direito rodoviário, pode conduzir à detenção de um condutor por posse ilegal de droga.

A despeito do carácter preponderantemente preventivo da polícia administrativa, a sua actividade não se esgota nesta circunstância, pois actua frequentemente de modo repressivo. Com efeito, em diversas ocasiões, a polícia administrativa age repressivamente sobre um autor de um crime – é o caso da detenção dum particular, por posse ilegal de arma de fogo.

A própria repressão favorece a prevenção de danos sociais, daí que, a polícia judiciária, mais conotada com a repressão, ao reprimir está também a gerar um efeito preventivo, induzindo à observância das normas. Aliás, a Polícia Judiciária promove também acções de prevenção criminal: *"Vigiar e fiscalizar actividades susceptíveis de propiciarem actos de devassa ou violência sobre as pessoa"*[10]. Assim, o espectro repressivo não representa um carácter distintivo exclusivo da polícia judiciária em sentido funcional e logo diferenciador da polícia administrativa. Isso confirma a inscrição da polícia judiciária no seio da polícia administrativa em sentido amplo.

Perante o exposto, pode-se afirmar que a polícia, em sentido funcional, *"engloba a polícia administrativa geral e a polícia*

---

[7] Art.º 2.º, n.º 1, alíneas b) e g), da Lei de Organização e Funcionamento da PSP, aprovada pela Lei n.º 5/99, de 27 de Janeiro.

[8] Hélène L´Heuillet, *Alta Polícia Baixa Política*, Notícias Editorial, Lisboa, 2004, p. 29.

[9] José Pedro Fernandes, *Dicionário Jurídico da Administração Pública*, vol. VI, ed. autor, Lisboa, 1994, p. 405.

[10] Art.º 4.º, n.º 1, alínea e), do Decreto-Lei n.º 275-A/2000, de 21 de Setembro.

judiciária" [11]. Ou seja, a polícia judiciária constitui *"um ramo em que se desdobra a actividade administrativa de polícia."* [12] Tanto a polícia administrativa, como a polícia judiciária, *"representam actividades de gestão do interesse público, inserindo-se dentre as funções administrativas."* [13]

V. A judiciarização das Forças de Segurança

Actualmente, as autoridades judiciárias carecem dum serviço próprio de execução, o que torna-as verdadeiras cabeças sem mãos, por isso, ninguém livrou ainda as Forças de Segurança da carga de trabalho, remetida pelos tribunais, a fim de não asfixiar a administração judicial.

Nos últimos anos, a PSP e a GNR executaram inúmeras missões de operador judiciário, a par da respectiva missão primária – a ordem pública. A continuar assim, a PSP e a GNR correm o risco de deixarem de ser polícias administrativas de ordem pública e transformarem-se em polícias judiciárias de segunda linha. Portanto, é preciso evitar que a prevalência do serviço de justiça se faça em detrimento grave do serviço de ordem pública. E aos Tribunais devem ser dados os meios próprios, sem prejuízo da prestação de apoio pela força policial. Ambos os serviços públicos são vitais para a vida social, logo a sobreposição de papéis não aproveita a ninguém, consequentemente, a batalha da modernização das Forças de Segurança joga-se também na dimensão judiciária.

O ano 2000 marcou a reorganização da investigação criminal em Portugal. Nesse âmbito, o XIV.º Governo reforçou a componente judiciária das Forças de Segurança [14], enquanto órgãos de polícia

---

[11] Fernanda Maria Marchão Marques, *As Polícias Administrativas*, Estudos de Direito de Polícia, I.º volume, Seminário de Direito Administrativo de 2001/2002, regência de Jorge Miranda, Associação Académica da Faculdade de Direito de Lisboa, Lisboa, 2003, p. 126.

[12] Paul Daniel Peres Cavaco, *A Polícia no Direito Português, Hoje*, Estudos de Direito de Polícia, I..º volume, op. cit., p. 85.

[13] Júlio César Luciano, *O Conceito de Polícia; A Polícia e o Poder de Polícia no Direito Brasileiro; A Polícia de Segurança no Direito Brasileiro*, Estudos de Direito de Polícia, I.º volume, op. cit., p. 19.

[14] Art.º 3.º, n.º 5, da Lei n.º 21/2000, de 10 de Agosto.

criminal de competência genérica, tendo em vista quatro grandes objectivos: clarificar o papel de cada polícia na investigação criminal; dar maior eficácia no combate ao crime; criar as condições de actuação dos vários órgãos de investigação criminal; estabelecer um sistema fiável de coordenação. Em contrapartida, o XIV.º Governo Constitucional procurou aliviar os serviços policiais da carga de trabalho judicial, através da implementação da notificação postal simples.[15] Só em 2003, houve uma diminuição quer de 22,7% das diligências judiciais executadas, mesmo assim foram efectuadas 778.504, quer de 8,7% dos inquéritos criminais realizados. Na verdade, 86% das diligências pedidas às Forças de Segurança provêem da componente judiciária, de acordo com o Relatório de Segurança Interna de 2003.

Mas, há uma virtude nisto tudo. O modelo de proximidade policial também se aplica à investigação criminal. A percepção da realidade quotidiana favorece a investigação criminal pelas Forças de Segurança. O factor proximidade contribui para a descoberta célere da verdade; a dispersão dos dispositivos territoriais das Forças de Segurança, aliada ao incremento do modelo de policiamento de proximidade, permite uma eficácia acrescida na investigação de certos crimes, como o furto ou a ofensa corporal simples.

VII. O adjunto de segurança

Como contributo prospectivo, apresento a sugestão de implantação do figurino de adjunto de segurança. Para tanto, basta seguir a lição francesa, que passo apresentar.

No âmbito da empregabilidade dos jovens, a Polícia Nacional francesa tem vindo a recrutar centenas de jovens para exercer a função de adjunto de segurança, destinados assistir os funcionários da Polícia Nacional. Assim, os adjuntos de segurança andam fardados e as suas tarefas enquadram-se no âmbito da polícia de proximidade, com especial acuidade em relação à comunidade escolar, contudo, não exercem atribuições próprias de agente de polícia criminal, nem exercem tarefas de manutenção da ordem pública. O

---

[15] Art.os 196º e 277º, do Código do Processo Penal, na redacção do art.º 1º, do Decreto-Lei n.º 320-C/2000, de 15 de Dezembro.

recrutamento abrange os jovens, de ambos os sexos, dos 18 aos 26 anos, com nacionalidade francesa. Além duma remuneração substancial, os adjuntos recebem uma formação inicial de 8 semanas, complementada com um estágio quinzenal no serviço de destino. O contrato dura 5 anos, sem prorrogação. Este modelo é exportável para a urbe portuguesa. Aqui fica a proposta, num quadro mais vasto de revisão da arquitectura do sistema policial português, a operar pelo decisor político.

VIII. Prospectivas da reinvenção da polícia

Dito isto, é tempo de olhar em frente e para cima.

A vida social oscila entre a inércia e a revolução. A polícia portuguesa tem sido um laboratório da modernização da Administração Pública, destacando-se, recentemente, o aprofundamento do modelo democrático de investigação criminal [16] das Forças de Segurança.

A última reforma do sistema de segurança pública sucedeu, entre 1992 e 1995, por iniciativa do XII.° Governo constitucional da III.ª República, levando à extinção da Guarda Fiscal e à remodelação das Forças de Segurança. O fim em vista era a modernização do sistema policial de segurança pública, eliminando, quer a sobreposição de Forças de Segurança na maioria dos concelhos, quer as distorções na distribuição territorial dos agentes policiais, de acordo com a população e o risco de insegurança locais. Essa reforma avançou, num período dominado pela guerra-fria, sob o lema: «*mais e melhor afectação de pessoal ao policiamento*». [17]

Desde então, emergem novas realidades, como o aparecimento da polícia municipal e a difusão do modelo proximal de polícia. Entretanto, o conceito estratégico de defesa nacional entronca na noção de segurança interna e há agora um redesenho do sistema de informações. Por tudo isso, urge rever a arquitectura do sistema de segurança policial em Portugal, nascido em 1987, num período ainda dominado pela guerra-fria.

---

[16] Art.° 3°, n.° 6, da Lei n.° 21/2000, de 10 de Agosto, na redacção do artigo único do Decreto-Lei n.° 305/2002, de 13 de Dezembro.

[17] Pedro José Lopes Clemente, *Da Polícia de Ordem Pública*, Governo Civil de Lisboa, Lisboa, 1998, pp. 58.

Para tanto, este é o tempo certo para formular uma política de segurança pública, plurianual e amplamente consensual. Nesse sentido importa: rever o conceito de segurança interna, excessivamente amplo; alargar o quadro de forças e serviços considerados de segurança, inclusive à Polícia Florestal; assumir, sem complexos, a natureza policial preventiva do Serviço de Informações de Segurança; confirmar o papel subsidiário das Forças Armadas, fora dos estados de excepção; criar uma prefeitura de polícia em Lisboa, com poder funcional directo sobre todos os serviços policiais, actuantes na cidade de Lisboa. E acima de tudo, é essencial proceder à unificação de diversos serviços policiais, avaliando a lição belga, e ter a coragem de proclamar que o caminho futuro não passa mais pelo aumento dos quadros de pessoal das Forças de Segurança – nenhum serviço resolve os problemas de desempenho com uma estratégia de aumento de pessoal –, mas sim pela produtividade, aliada à eficácia das novas tecnologias, pela qualificação dos agentes policiais e pela descentralização da decisão.

Esse é o grande desafio dos próximos anos.

Disse.

Obrigado pela vossa atenção.

Lisboa, 17 de Novembro de 2004.

II MESA

Para uma Nova Tipologia de Segurança Interna no Quadro Jurídico-Constitucional

Presidência
Subintendente ABREU MATOS – Subdirector do ISCPSI

Prelectores
A Consagração Constitucional de Segurança Interna
Prof. Doutor JORGE BACELAR GOUVEIA – Professor da Faculdade da Universidade Nova de Lisboa

Contributos para uma tipologia de Segurança Interna
Comissário MANUEL MONTEIRO GUEDES VALENTE

«CONTRIBUTOS PARA UMA TIPOLOGIA DE SEGURANÇA INTERNA»

MANUEL MONTEIRO GUEDES VALENTE *

> "Política de segurança pública não equivale a política policial, mas abrange também um política criminal que, por sua vez, compreende não apenas o ponto de vista da eficiência policial, mas também as garantias penais e constitucionais. (...) uma política de segurança pública sem consideração pela juventude, o trabalho, a habitação, os problemas sociais e a educação, converte-se num espectáculo sem esperança e sem fim previsível. Portanto, uma política de segurança só faz sentido no contexto de uma verdadeira política interna bem definida, sincronizada e coordenada".
>
> WINFRIED HASSEMER [1]

SUMÁRIO: Introdução; §1.º Tipologias preliminares; §2.º Da segurança interna e externa – componentes da segurança nacional; §3.º Do quadro de segurança interna: prevenção criminal; §4.º Da função de prevenção criminal em um quadro de cooperação internacional; §5.º Da construção de uma tipologia de segurança interna enleada na liberdade e na legalidade – respeito da dignidade da pessoa humana

Introdução

A exposição que preparamos para este colóquio tem como fundamento três pontos fulcrais e imperativos para a concepção de

---

* Director do Centro de Investigação e Docente do ISCPSI.

[1] *Vide* WINFRIED HASSEMER , *A Segurança Pública no Estado de Direito*, AAFDL, Lisboa, 1995, pp. 109 e 110.

segurança interna e, consequentemente, para a construção de uma teoria, que, como teoria que é, não pode ser olhada de modo restritivo – por se afigurar como meramente profissionalizante –, mas antes deve ser olhada no plano *lato* do pensar científico. Pontos esses que se interligam, interagem e se complementam, a saber:

α. a discursividade jurídica, de realçar a jurídico-constitucional e jurídico-penal;

β. a discursividade das ciências sociais e políticas; e

χ. a discursividade com que se pretende cimentar as ciências policiais.

Trilogia que podemos aferir da construção de Segurança Interna face a uma sociedade dita de «Risco»[2] e que se propaga em constante «Risco» na viagem da descoberta da solução desconhecida, mas cuja construção *jus*-política se esfuma no mero encontro de soluções médicas céleres, mas inconsistentes, e sem que se embrenhem na busca de uma cirurgia adequada, necessária e exigível e proporcional *stricto sensu* ao primado da liberdade, cuja oneração de bens jurídicos fundamentais não produza um mal maior do que se não existisse.

Hassemer escrevia há algum tempo que "uma política criminal que, a longo prazo, disponha livremente da garantia da liberdade e da protecção dos direitos fundamentais com o propósito de ceder às exigências de um efectivo combate ao crime, coloca em jogo todas as nossas tradições de Estado de direito, não importando com que eficácia e quem deva ou possa proclamá-las e defendê-las"[3]. Pensamento que ainda se mantém aceso e vivo, cujos conteúdos partilhados face à construção de uma teoria de segurança interna que coloque no centro nevrálgico o HOMEM – ser fraco, pecador por natureza e permeável às tentações terrestres –, ser jurídico, económico, político, social e cultural – plano *lato* que absorve a segurança interna[4] –, e que

---

[2] Quanto à sociedade de risco, Jorge De Figueiredo Dias, "O direito penal entre a sociedade industrial e a sociedade do risco", *in Estudos em Homenagem ao Professor Doutor Rogério Soares*, Coimbra Editora, 2001, pp. 583-613.

[3] *Vide* Winfried Hassemer, *A Segurança Pública no Estado de Direito*, AAFDL, Lisboa, 1995, p. 90.

[4] Quanto a esta visão lata de segurança que agrega em si mesma um discurso «orientado para a diferença cultural, étnica ou religiosa, com base na qual se perpetuam ou

Contributos para uma Tipologia de Segurança Interna

não centra , como acontecera ao longo de muitas décadas – diga-se, séculos – a protecção absoluta do ESTADO. Conceito que se aparta dos padrões comunitário e individualmente aceites e, conseguinte, legitimamente defensáveis como garantia de uma estrutura humana democraticamente organizada.

Partimos e queremos cortar a meta com a visão do HOMEM como centro nevrálgico das decisões orgânica, formal e materialmente consideradas.

§1.º Tipologias preliminares

O conceito de segurança pode enroupar mais que um quadro físico-intelectual e, por conseguinte, provoca uma análise que por ser densa pode ser confusa e trazer para a citada tripla discursividade um amalgama de considerações que, necessariamente, imbricam com o conceito de segurança pública que se insere em um conceito mais amplo – de segurança interna. Panóplia que se nos impõe como visão preliminar sobre as várias concepções possíveis e que se enleiam no conceito de segurança interna.

À *segurança física* – a que se promove e se sente através do usos de meios ou de recursos humanos e materiais [*p. e.*, câmaras de videovigilância, detectores de metais, sensores de intrusos, alarmes] adequados a criar e a fazer vigorar um sentimento de que aqueles são inquebráveis e de que se apresentam consentâneos e densificados para proteger e garantir o normal e regular funcionamento da comunidade – contrapõe-se a *segurança cognitiva*, designada muitas das vezes por psicológica ou psíquica[5] – que, longe de ser real, se afigura

---

constróem identidades alternativas entendidas como potencialmente antagónicas", ISABEL FERREIRA NUNES, "Segurança internacional, os princípios idealistas e a lógica realista", *in Informações e Segurança*, Coordenação de ADRIANO MOREIRA, Prefácio, 2003, p. 277.

[5] Que como ensina W. HASSEMER, o medo distorce a visão real e faz com que compaginemos no mesmo cenário uma ideia de segurança – cognitiva e/ou psicológica disforme da segurança. *Vide* W. HASSEMER, *Op. Cit.*, pp. 105 e ss.. Quanto à questão do medo refira-se que, com ROCHA MACHADO, "o homem vive numa permanente angústia, ansiedade e insegurança decorrentes da dicotomia destruição-preservação e o medo é um estado permanente ao longo da existência como percepção de um perigo interno e externo, real e imaginário (Hacker, 1973; 143)". *Vide* ROCHA MACHADO, *Poder – Da Estrutura*

72

I Colóquio de Segurança Interna

e apresenta como angariadora ou edificadora de um quadro cognitivo-sensitivo de vivência de segurança por meio de uma acção política, por um lado, ou por meio do quadro mental do próprio sujeito do sentimento, por outro, como se tratasse de uma neutralização axiológica *a contrario*. A segunda perspectiva de segurança no plano da insegurança cria o quadro do medo paneónico que asfixia a oxigenação normal dos quadros cognitivos e limita a visão e o controlo sobre o que se deve enquadrar em um plano de segurança – pois, a força motriz da insegurança cognitiva ou psíquica é de tal modo nefasta que afasta o discernimento na busca de um plano político de segurança embuído em uma política criminal cujo centro nevrálgico devia ser o HOMEM e não o Estado Pai.

A par destas perspectivas de segurança podemos encontrar ou aferir a *segurança histórica* – que se constrói com o decurso normal da vida e quotidiano histórico, marcada por cada decisão jurídico-política ou estratégico-política inerente a uma sociedade em edificação contínua e, como tal, sujeita às mutações quer erosivas quer concrecivas emergentes das permeabilizações fomentadas pelo mundo sócio-económico-político-cultural – e a *segurança jurídica* – que devemos situacioná-la em dois padrões distintos: um geral e outro específico. No que concerne ao padrão geral cuidamos em concentrar a segurança jurídica como instrumento de certeza de legitimidade e legalidade na intervenção dos operadores do Estado no pleno exercício do *ius imperii, i. e.*, centramo-nos na visão de um Estado activo na prossecução das suas tarefas fundamentais sob a batuta do direito – positivado, princípios gerais, princípios do ramo específico, jurisprudência e doutrina –, em suma uma segurança que se encaixa no brocado «saber com o que contamos». Quanto à segurança jurídica em um quadro específico, concentramo-nos no plano do *ius puniendi*: que cumprindo o seu fundamento e razão de ser constrói uma segurança ou paz jurídica quer no vector substantivo quer no vector substantivo. Clarifiquemos:

Individual à Construção Mediática, Autonomia 27, Lisboa 2003, p. 29. Quanto ao medo, promotor de insegurança, como "frequentemente correlativo de ausência de poder", cujo agudizar se marca mais pela "dita crise de valores das sociedades actuais", CARLA MACHADO, *Crime e Insegurança – Discursos do Medo, Imagens do «outro»*, Editorial Notícias, Lisboa, 2004, pp. 92 e ss..

α. por um lado, se o direito penal (substantivo), cujo escopo se materializa com a protecção em *ultima ratio* de bens jurídicos fundamentais ao normal desenvolvimento e sobrevivência da comunidade – mesmo se essa protecção se resuma ao restabelecimento da norma violada [prevenção geral positiva] –, acoplando-se ou a si inerente a ressocialização do delinquente, se conseguir concretizar, poder-se-á afirmar que se alcança uma segurança jurídica no plano substantivo do direito penal – *p. e.*, se um elemento policial surpreender em flagrante delito um indivíduo a praticar um crime de furto simples, p. e p. pelo art. 203.º do CP, e o apresentar em tempo útil ao tribunal que o julga no sentido único e exclusivo da reposição do bem jurídico ofendido – património ou fruição do bem subtraído –, tutelando-o jurídico-criminalmente, e da ressocialização do agente do crime de furto, poder-se-á afirmar que o ofendido ou lesado individual e, simultaneamente, a comunidade constróem um quadro de segurança ou paz jurídica resultante da preocupação badalada pelo povo de «fez-se justiça»;

β. por outro, quanto ao processo penal há a referir que, como instrumento objectivo e impessoal de realização do direito penal, é um motor, cujos pistões – sujeitos processuais – e quadro normativo promovem, a par da descoberta da verdade material, da realização da justiça, da protecção dos direitos fundamentais das pessoas – finalidades do processo penal[6] – o *restabelecimento da paz jurídica*[7] [comunitária] – que se alcança com a responsabilização dos culpados e com a absolvição dos inocentes – que irá consubstanciar a edificação de uma segurança jurídica sentida e vivida física e cognitivamente.

---

[6] Quanto às finalidades do processo penal o nosso *Processo Penal – Tomo I*, Livraria Almedina, 2004, pp. 20 e 21, JORGE DE FIGUEIREDO DIAS, *Direito Processual Penal*, (Lições coligidas por MARIA JOÃO ANTUNES), Coimbra, 1988-9, pp. 20 e ss. e GEMANO MARQUES DA SILVA, *Curso de Processo Penal*, 4.ª Edição, Verbo, Lisboa/S. Paulo, 2000, pp. 23 a 25.

[7] Neste sentido TOMÁS VIVES ANTÓN afirma que «quando o processo termina, os factos desapareceram e o espelho já não reflecte nada". *Vide* TOMÁS VIVES ANTÓN, "El Proceso Penal de la Presunción de Inocencia", *in Jornadas de Processo Penal e Direitos Fundamentais*, (Coordenação de FERNANDA PALMA), Almedina, 2004, p. 29.

74   *I Colóquio de Segurança Interna*

Esta segurança – paz – jurídica [geral e específica] enquadra a globalidade da segurança interna como um dos filhos desta missão ou tarefa fundamental do Estado.

iii. Ancorada nesta encruzilhada de segurança interna, pode-se e deve-se, ainda, aferir a *segurança pública e privada*. No que concerne a *esta última*, poder-se-á dizer que encerra a segurança promovida – quer como actividade quer como sensação –, física e cognitiva, pelo cidadão individualmente considerado no mundo do domínio próprio, cuja disponibilidade lhe pertence por ser titular e fruidor máximo e incontestável – desde que não afecte o direito de outrem –, *i. e.*, encontramo-nos no domínio privado restritivo – *p. e.*, habitação, quarto de hotel, escritório, gabinete médico –, condicionado – *p. e.*, autocarros de empresas privadas, os comboios fertagus, restaurante, bar, discoteca –, e de livre acesso – *p. e.*, centro comercial – em que o titular do domínio procura, por meios humanos próprios ou contratados e materiais, promover uma segurança adequada à fruição do bem pelo próprio ou por outrem. A segurança privada – não confundir com actividade levada a cabo por empresas de segurança privada – pode-se encaixar no instituto da acção directa preventiva promovida pelo titular do direito de domínio para sua fruição ou para fruição de outrem.

No quadro da *segurança pública* – que se contrapõe quer em actividade quer em omissão à segurança privada, apesar do escopo central ser o mesmo: bem estar do cidadão membro da comunidade organizada democraticamente ou como cliente/consumidor do bem a fruir –, cujo *imperium* não se esgota na orla do domínio privado, mas se impõe a este – quer como licenciador quer como fiscalizador e sancionador – e se materializa e realiza *prima facie* com a acção de uma força colectiva organizada jurídica e funcionalmente para realizar os "interesses gerais e os princípios socialmente aceites"[8] que compõem a garantia da "existência pacífica segundo as regras da

---

[8] *Vide* MARCELLO CAETANO, *Manual de Ciência Política e de Direito Constitucional*, 6.ª Edição (Reimpressão), Almedina, Coimbra, 1996, Tomo I, p. 145. No mesmo sentido e da mesma voz autorizada, *Princípios Fundamentais do Direito Administrativo*, 2.ª Reimpressão da Reimpressão da Edição Brasileira de 1977, Almedina, Coimbra, 2003, p. 267 e ss..

justiça"[9] que a sociedade define e impõe[10], garantindo "a convivência pacífica de todos os cidadãos de tal modo que o exercício dos direitos de cada um não se transforme em abuso de direito, não impeça, não perturbe o exercício dos direitos alheios"[11].

Todavia, relativamente à segurança pública impõe-se-nos que abordemos duas perspectivas:

α. a perspectiva *pragramático-cognitiva* – acrescente-se que, em primeiro lugar, "segurança pública não equivale a política policial, mas abrange um política criminal que, por sua vez, compreende não apenas o ponto de vista da eficiência policial, mas também as garantias penais e constitucionais"[12], em segundo lugar, "uma política de segurança pública sem consideração pela juventude, o trabalho, a habitação, os problemas sociais e a educação, converte-se num espectáculo sem esperanças e sem fim previsível"[13], *i. e.*, só podemos falar de uma política de segurança pública se a enquadrarmos "no contexto de uma **verdadeira política interna bem definida, sincronizada e coordenada**"[14]. Partindo desta exegese hassemeriana[15], poder-se-á apontar como pêndulo decisório sem dogmatismo o princípio do pragmatismo embebido na ideia chave de que a decisão pode provocar êxito e fracasso

---

[9] *Idem*, p. 144.

[10] Como ensina ROCHA MACHADO «o percurso de integração no sistema normativo a que o indivíduo é sujeito, se por um lado o reprime e limita a sua expressão, também por outro lado lhe confere a partilha de um sistema que, por si, garante e reproduz a autoridade e a organização social". *Vide* ROCHA MACHADO, *Poder...*, p. 24.

[11] *Vide* MARCELLO CAETANO, *Princípios Fundamentais...*, p. 267. Quanto à natural convivência conflituosa – emergente das normas sociais – que faz nascer «um processo dialéctico no qual o indivíduo renuncia aos seus impulsos egoístas por troca para que a comunidade com os demais possibilite um melhor desenvolvimento da sua personalidade e dos meios necessários para a sua sobrevivência» – com o emergir das normas jurídicas –, FRANCISCO MUÑOZ CONDE, *Introducción al Derecho Penal*, 2.ª Edición, Editorial Montevideo, Buenos Aires, pp. 40 e ss.. Quanto à construção da comunidade na busca de normas de convivência, *supra* a apresentação do Doutor ROCHA MACHADO dedicada à "A ORDEM E O CAOS: Factores de Influência para a Construção de uma Tipologia de Segurança".

[12] *Vide* W. HASSEMER, *A Segurança Pública no Estado de Direito*, AAFDL, Lisboa, 1995, p. 109.

[13] *Ibidem, idem*, pp. 109 e 110.

[14] *Idem*, p. 110. Negrito nosso.

[15] *Vide* W. HASSEMER, *Op. Cit.*, p. 110.

quanto a efeitos desejados e efeitos colaterais que não houveram de ser desejados, mas que necessariamente se provocaram, *i. e.*, não é um pragmatismo verificacionista, mas antes falibilista[16]. Pois, como nos ensina POPPER: "as coisas revelam-se sempre um pouco diferentes do esperado. É muito raro produzirmos na vida social precisamente o efeito que desejávamos produzir, e vemo-nos habitualmente a braços com coisas que nunca fizeram parte dos nossos planos"[17]. Uma *segurança pública* terá de se prender, segundo uma visão pragmática de que nem tudo o que projectamos podemos alcançar com êxito, pois é passível de ser falível, com a *diferenciação da criminalidade* – de massa [aquela que promove o maior medo e insegurança junto da comunidade] ou organizada [aquela que é de tal ordem impenetrante que as normas jurídicas disponíveis para a sua prevenção e repressão se demonstram ineficazes quer no conteúdo quer na adjectividade operativa] – e com a *ideia base* de que «política social é a melhor política criminal»[18].

β. e a perspectiva da *falácia e do fracasso* – a entrega às empresas de segurança privada – cujo escopo se deve enraizar em um plano de subsidiariedade e nunca em um plano de complementaridade – de tarefas ou missões de prevenção de criminalidade que mais atemoriza o cidadão – *p. e.*, protecção do direito de propriedade e da sua fruição – e que, desde os primórdios, se concebeu como o cerne do Estado, pode ter-se transformado em um escândalo de segurança pública e em um perigo para o Estado de direito, por, *ab initio*, fomentar a desigualdade entre pobres e ricos, a perda da sujeição ao direito – pois, impera o lucro –, a consequente perda da protecção de direitos fundamentais pessoais e a perda por parte do Estado do controlo na prevenção e repressão do crime. *Summo rigore*, cumpre-se a sociedade do medo – que corre a comprar câmaras de vídeo, sensores de alumes, trancas

---

[16] Quanto ao verificacionismo e ao falibilismo, KARL POPPER, *Conjecturas e Refutações*, (tradução de BENEDITA BETTENCOURT), Almedina, Coimbra, 2003, pp. 310 e ss..

[17] *Idem*, p. 173.

[18] *Vide* W. HASSEMER, *Op. Cit.*, pp. 110 e 111.

reforçadas, portas duplamente blindadas, como se o crime desaparecesse e se obtivesse segurança pública através de meios privados ou de segurança privada – e sequentemente a falácia e o fracasso de políticas se segurança só presas na eficácia, sem se basear ou apartando-se da justiça e da protecção dos direitos humanos que são a razão de ser da existência de uma comunidade organizada democraticamente.

iv. *Summo rigore*, poder-se-á recorrer à teoria de Muñoz Conde do fundamento da norma ter por base «a conduta humana que pretende regular e a sua missão é a de possibilitar a convivência entre as diferentes pessoas que compõem a sociedade» [19], *i. e.*, o ser humano toma consciência do *ego* porque existe o *alter*, diga-se, «a existência humana supõe a coexistência e a convivência" [20], que é, por natureza, conflituosa e que , quando se materializa e, sequentemente, se realiza, não menos é do que o fruto de um processo dialéctico de cedência de um determinado espaço próprio em detrimento de outro espaço – abstracto ou concreto – que compensa a renúncia face ao *alter* indivíduo ou ao *alter* comunidade. Espaço esse que, em muitos momentos, se orna de um direito fundamental que é a *segurança, i. e.*, à *liberdade cedida* deve corresponder no mesmo âmbito contextual adjectivo e de conteúdo a *segurança* para a sobrevivência do *ego* e do *alter* [21].

Este fruto dialéctico produz, historicamente, a segurança física e cognitivo-psíquica, a segurança jurídica e histórica, a segurança pública e privada. Segurança que parte do princípio do *prazer* – «que impulsiona a pessoa a satisfazer-se por cima de todos os seus instintos» [22] – e se anicha no princípio da *realidade* – «representado pelas normas que os demais impõem, que obriga o indivíduo a sacrificar ou limitar esses instintos e ter em conta os demais» [23].

A segurança emergente de imposição normativa – aquela que se enraíza em normas que restringem gravemente os direitos fundamentais

---

[19] *Vide* Francisco Muñoz Conde, *Op. Cit.*, p. 39.

[20] *Idem*, p. 40 e Marcello Caetano, *Princípios Fundamentais...*, pp. 267 e ss..

[21] *Hoc sensu* Francisco Muñoz Conde, *Op. Cit.*, p. 40 e ss.

[22] *Ibidem*.

[23] *Ibidem*.

pessoais, dos quais se destacam a reserva da intimidade da vida privada, a inviolabilidade das telecomunicações e do domicílio, a imagem, a honra, a liberdade[24] – representa o fracasso da segurança, *prima facie*, própria de uma ordem social – preenchida pelas normas sociais que poderia garantir aquela através das sanções sociais: *p. e.*, segregação, isolamento, perda de prestígio social face às ofensas sucessivas à convivência que compreende bens jurídicos de mútuo e recíproco respeito, dando lugar à segurança prosseguida sob a batuta de normas jurídicas – e, *secunda facie*, da necessária ordem jurídica – preenchida por normas jurídicas dotadas, além da generalidade e da abstracção, de coercitividade e imperatividade, e que visam "desenvolver ou modificar a ordem social"[25] –, titulada pelo Estado, que, conjuntamente, consignam "o reflexo ou a superestrutura de uma determinada ordem social, incapaz de por si mesma regular a convivência de um modo organizado e pacífico"[26], respondendo e protegendo bens jurídicos fundamentais à coexistência e à sobrevivência daqueles de forma pacífica e na promoção da dignidade humana individual e colectivamente compreendida.

Neste campo dialéctico enleiam-se as tipologias preliminares de segurança – física e cognitiva, histórica e jurídica, privada e pública – que, como já afirmamos, ornamentam a tipologia abrangente de segurança interna, cuja concepção dogmática será por nós discreteada ao longo desta exposição.

---

[24] Temos vindo a defender que devemos olhar para a liberdade não apenas como um direito fundamental, mas como um princípio norteador da actividade do Estado na prossecução de tarefas fundamentais. Pois, aliado a esta ideia podemos arguir o princípio da actividade da polícia defendido por Vieira De Andrade que consubstancia a liberdade como um valor, como um princípio próprio de um Estado de direito democrático: *in dúbio pro libertate* – prescrito no n.º 2 do art. 18.º da CRP e do qual se retira que "havendo dúvidas fundadas, deve optar-se pela solução que, em termos reais, seja menos restritiva ou menos onerosa para a esfera de livre actuação dos indivíduos – um imperativo de razão prática que não dispensa a procura da solução mais correcta, que não é necessariamente a que garante a maior liberdade", *i. e.*, o princípio não se pode valorar apenas em uma perspectiva abstracta, mas, como ensina Martín Kriele, temos de conceber a ideia de que «a liberdade é estabelecida e garantida pelo poder estadual». *Vide* José Carlos Vieira De Andrade, *Os Direitos Fundamentais na Constituição Portuguesa de 1976*, 2.ª edição, Livraria Almedina, Coimbra, 2001, p. 299, nota 55.

[25] *Vide* Francisco Muñoz Conde, *Op. Cit.*, pp. 41 e 42.

[26] *Ibidem.*

§2.º Da segurança interna e externa – componentes da segurança nacional

i. Ao falarmos de *segurança interna* impõe-se que, em contraponto, vejamos a *segurança externa*, sem que queiramos fazer um grande aprofundamento do tema, e a visão dogmática face por um lado à *segurança nacional* e, por outro, à nova *concepção de Estado fronteiras* [27], afastando-nos da clássica utopia do Estado fronteira.

No que concerne à segurança interna, cuja escalpelização far-se-á em §.º próprio, apontamos, na esteira de GOMES CANOTILHO e VITAL MOREIRA [28], desde já três vectores de discussão que se nos afiguram de extrema importância para uma análise correlacionada com a segurança externa ou militar e segurança nacional:

α. a segurança interna tem consagração constitucional em um preceito – art. 272.º da CRP – distinto do que consagra a segurança nacional, mas ter-se-á de conjugar analiticamente com o art. 273.º da CRP, cuja epígrafe é *defesa nacional* [29];

β. a atribuição da função – missão ou tarefa – de segurança interna à POLÍCIA – entendida como de segurança, tranquilidade e ordem pública, administrativa e judiciária – procura afastar, por regra, a intervenção das Forças Armadas – que apenas podem desenvolver esta função em caso de estado de sítio ou de emergência, consagrado constitucionalmente no art. 19.º, nos termos da lei – conforme se retira dos n.ᵒˢ 6 e 7 do art. 275.º da CRP;

χ. e a função de segurança interna cabe, originariamente, tão só às forças de segurança – afastando-se desta tipologia a actividade de polícia municipal, que, no seu desempenho funcional, apenas *coopera localmente* com as forças de segurança, como se retira do n.º 3 do art. 237.º da CRP [30].

---

[27] Designação do Professor ADRIANO MOREIRA no Seminário sobre *Terrorismo* que decorreu no dia 7 de Maio de 2003, no Instituto Superior de Ciências Policiais e Segurança Interna, em Lisboa.

[28] *Vide* GOMES CANOTILHO e VITAL MOREIRA, *Constituição da República Portuguesa Anotada*, 3.ª Edição, Coimbra Editora, 1993, p. 955.

[29] Cumpre referir que as tipologias de Segurança Interna e Segurança Externa apresentam-se lado a lado do art. 268.º da CRP quanto à restrição de acesso a documentos que possam pôr em causa qualquer uma das tipologias.

[30] Quanto a este assunto o nosso "Enquadramento Jurídico das Polícias Municipais: do quadro constitucional ao quadro ordinária", *in Estudos de Homenagem ao Professor Doutor Germano Marques da Silva*, Almedina, Coimbra, 2004, pp. 249 - 278.

80   *I Colóquio de Segurança Interna*

A segurança interna, cuja concepção legal se encontra prevista no art. 1.º da Lei de Segurança Interna (LSI), como tarefa ou missão do Estado, deve ser vista não como um mero instrumento jurídico--constitucional e material da defesa ou segurança nacional, mas sim como parte integrante daquela e em uma missão específica face ao quadro geral de segurança nacional.

ii. Relativamente à *segurança externa*, que se arreiga no conceito constitucional de defesa – segurança – nacional, deve ser entendida, como ensinam GOMES CANOTILHO e VITAL MOREIRA, como a segurança que está direccionada em exclusivo para a «segurança do país contra ameaças e agressões *externas*»[31], mas não se pode confundir com a *segurança interna*, nem se esgotar no plano da defesa militar – apesar desta ser a componente principal da defesa – segurança – nacional.

Ora clarifiquemos:

α. a garantia da *segurança externa* é tarefa da defesa nacional[32] – em especial das Forças Armadas –, que, sequentemente, se apresenta constitucionalmente como tarefa fundamental do Estado – n.º 1 do art. 273.º e al. *a*) do art. 9.º da CRP – consistindo "em defender a República (independência nacional, território, população) contra o exterior (n.º 2), nomeadamente por meios militares (art. 275.º)"[33];

β. a *defesa militar* não se esgota no quadro jurídico-constitucional de defesa nacional e, como componente principal daquela, cabe ser assegurada, como tarefa do Estado, pelas Forças Armadas que «estão ao serviço da defesa nacional (art. 273.º), tendo a seu cargo a componente militar desta, ou seja, a utilização de meios armados"[34];

i.e.,

γ. por um lado, as Forças Armadas não detêm a globalidade das tarefas da defesa nacional, e por outro, não desenvolvem uma intervenção fora do seu quadro jurídico-constitucional-

---

[31] *Vide* GOMES CANOTILHO e VITAL MOREIRA, *Constituição...,* p. 958.

[32] Quanto à tipologia de Defesa Nacional, ANTÓNIO VITORINO, "Defesa Nacional", *in 1.º Suplemento do Dicionário Jurídico da Administração Pública*, Lisboa, 1996, pp. 89 a 102.

[33] *Ibidem.*

[34] *Idem*, pp. 961 e 962.

Contributos para uma Tipologia de Segurança Interna   81

mente concebido, ou seja, não lhes cabe originariamente intervir na segurança interna, excepto nos casos de estado de sítio ou de emergência – conforme se retira do n.º 7 (anterior n.º 6) do art. 275.º da CRP –, tarefa que, face ao quadro jurídico-constitucional de 1933, podiam desenvolver – «manutenção da ordem e da paz pública» – *ex vi* do art. 53.º;

δ. destaque-se que, por um lado, a par da defesa militar deve-se colocar a designada *defesa civil* – «mobilização civil, mobilização industrial» – que não cabe prosseguir às Forças Armadas, e, por outro, estas podem e devem participar e colaborar em tarefas de cariz social: missões de protecção civil, satisfação de necessidades básicas [*p. e.*, como fornecimento de água, de mantimentos, de roupas às populações], a melhoria da qualidade de vida das populações [*p. e.*, construção de pontes, de saneamentos provisórios, de hospital de campanha] – *ex vi* do n.º 6 (anterior n.º 5) do art. 275.º da CRP;

ε. impõe-se, ainda, que nos debrucemos sobre os objectivos da *defesa nacional*, consagrados no n.º 2 do art. 273.º da CRP e de cuja textura se afere a perspectiva externa da segurança:

♣ garantir a *independência nacional*[35] – tarefa fundamental do Estado – al. *a*) do art. 9.º da CRP;

♣ garantir a *integridade do território*;

♣ garantir a *segurança das populações* contra quaisquer agressões ou ameaças *externas*.

Mas, os objectivos garantia consagrados constitucionalmente estão sujeitos a balizas de orientação que fundamentam e, automaticamente, limitam a prossecução daqueles, *i. e.*, ao respeito:

♣ pela ordem constitucional – a acção de defesa nacional está subordinada à constituição e à lei [1.ª parte do n.º 2 do art. 273.º, n.º 2 do art. 3.º e art. 18.º da CRP] – o que nos induz obrigatoriamente olhar para a defesa nacional como peça integrante do Estado de direito democrático--constitucional[36];

---

[35] *Vide* art. 2..º art. 7..º, n..º 1 da CRP.
[36] *Vide* G. CANOTILHO e V. MOREIRA, *Op. Cit.*, p. 959.

♣ pelas instituições democráticas – principalmente as eleitas democraticamente, como o Parlamento, o Governo, o Presidente da República Portuguesa –, *i. e.*, a «condução da defesa nacional cabe aos órgãos a quem a Constituição atribui competência para o efeito, e deve ser efectuada no respeito dos demais princípios da Constituição»[37];

♣ pelas convenções internacionais – o plano externo da defesa nacional onera uma conduta que se paute pelo respeito das obrigações que decorrem das normas constantes de convenções internacionais – tais como a Carta da ONU, as que regulam a NATO, a UE, acordos bilaterais, sem olvidar-se a DUDH, o PIDCP, o PIDESC.

iii. Como se depreende do já exposto e no que concerne à defesa nacional na qual imbrica a segurança externa, a estrutura dialéctica aqui apresentada por nós só faz sentido em uma visão tradicional do Estado – o designado Estado fronteira. Esta visão que muitos ainda defendem de que a soberania é um valor absoluto e que a independência e integridade do território nacional é uma realidade, cai por terra face a uma nova tipologia de que nos tem falado o Prof. Adriano Moreira – hoje, não temos Estado fronteira, mas sim Estado fronteiras ou regional – o que nos faz repensar a concepção dogmático-constitucional de defesa nacional e de segurança interna quer em um quadro espacial quer em um quadro temporal e, sequentemente, tipológico.

Esta consciência colectiva de que a ofensa a um bem jurídico pessoal afecta o todo comunitário – pois, se o *ego* é agredido, também o *alter* sofre a ofensa – estende-se à concepção de segurança interna, quando é ou deve ser, hoje, entendida como a ordem interna de um Estado fronteiras – vejam-se os acordos bilaterais no âmbito da investigação criminal ou as equipas de investigação conjuntas –, sendo que o mesmo processo metalógico se escreve no plano da defesa ou segurança nacional.

Antes de terminar este ponto da nossa exposição, gostaria de referir que a Lei Quadro do Sistema de informações da República

---

[37] *Ibidem* e art. 182.º, 133.º, al. *p*), 137.º al. *a*) e 274.º da CRP.

Portuguesa (LQSIRP)[38] incumbe os serviços de informações a produzirem informações necessárias à salvaguarda da independência nacional – plano jurídico-constitucional da defesa nacional, *i. e.*, *segurança externa* – e informações necessárias à garantia da *segurança interna*, *ex vi* do n.º 2 do art. 2.º, cujo mote desenvolto se espraia no art. 20.º – que estipula que o Serviço de Informações Estratégicas de Defesa produzem «informações que contribuam para a salvaguarda da independência nacional, dos interesses nacionais e da segurança externa» – e no art. 21.º – que determina que ao Serviço de Informações de Segurança cabe produzir informações «que contribuam para a *salvaguarda da segurança interna* e a prevenção da sabotagem, do terrorismo, da espionagem e a prática de actos que, pela sua natureza, possam alterar ou destruir o Estado de direito constitucionalmente estabelecido». Pode-se aferir que a Lei Orgânica n.º 4/2004 que alterou os preceitos supracitados faz e coloca em cada prato de atribuições e competências os quadros próprios do que se deve entender orgânica e funcionalmente e no âmbito do Serviço de Informações da República por segurança externa e segurança interna.

§3.º Do quadro de segurança interna: prevenção criminal

Prendamo-nos neste momento da exposição sobre o cerne da segurança pública interna, principalmente com a essência magna da segurança interna que é a prevenção criminal *lato sensu* – pois, não se esgota na actividade de POLÍCIA judiciária por depender, na nossa opinião e em muito, da actividade de POLÍCIA administrativa – mais vincada na função de vigilância – e de ordem, tranquilidade e segurança pública.

A *prevenção criminal*, "incluindo a dos crimes contra a segurança do Estado" – p. e p. pelos artigos 308.º e ss. do CP – é função primordial da POLÍCIA – na tríplice visão – e apresenta-se como instrumento funcional para garantir a segurança interna, ou seja, esta apenas se garante eficiente e eficazmente se forem evitadas as violações

---

[38] Aprovada pela Lei n.º 30/84, de 5 de Setembro, alterada pelas Leis n.os 4/95, de 21 Fevereiro, 15/96, de 30 de Abril, 75-A/97, de 2 de Julho, e Lei Orgânica n.º 4/2004, de 6 de Novembro.

às normas jurídicas e, também e como já frisamos, às normas sociais subjacentes àquelas que compõem e sedimentam o Estado de direito democrático, e quando se verificarem as violações, poder-se-á aduzir que a segurança interna se restaurou com a descoberta dos seus agentes[39], com a qual se podem proteger e reintegrar o bem jurídico ofendido e, posteriormente, promover a reintegração do agente na sociedade[40].

Este olhar leva-nos, inquestionavelmente, à interdisciplinaridade entre a natureza executiva e a natureza judicial – que se complementam na prossecução segurança interna – dos actos praticados pela POLÍCIA: ao prosseguir uma função de prevenção criminal em sentido estrito a POLÍCIA pratica actos que se enquadram no âmbito judicial, como a detenção do autor de um crime, mas, por um lado, esses actos dependem de uma orgânica hierarquizada e, por outro, a decisão de prossecução de determinado acto ou diligência subordina- -se à natureza executiva originária da POLÍCIA.

Na linha de raciocínio dos Profs. G. CANOTILHO e V. MOREIRA[41], defendemos que a *prevenção criminal* comporta duas funções distintas e interligadas:

α. a **função de vigilância** promovida pela POLÍCIA visa evitar que "as limitações impostas pelas normas e os actos das autoridades para a defesa da segurança interna, da legalidade democrática e dos direitos dos cidadãos"[42] sejam ofendidos por condutas que podem consignar quer a prática de um ilícito de mera ordenação social quer um ilícito criminal ou concursamente as duas realidades jurídicas. Todavia, a função desenvolvida não pode vez alguma deixar de respeitar esses mesmos direitos. A função de vigilância encerra em si uma

---

[39] Sobre este assunto, os nossos estudos *Dos Órgãos de Polícia Criminal – Natureza- -Intervenção-Cooperação*, Almedina, Coimbra, 2004, pp. 18 e ss. e 80 e ss., "A Segurança como tarefa fundamental do Estado de Direito Democrático", *in Revista Pública Portuguesa*, ano LXIII, II Série, n.º 125, SET/OUT 2002, pp. 27 e ss., *Consumo de Drogas – Reflexões sobre o Novo Quadro Legal*, Almedina, Coimbra, 2002 (1.ª Edição), pp. 66 e ss., *O Novo Regime Jurídico do Agente Infiltrado – Comentado e Anotado –* Legislação Complementar, (em co- -autoria com FERNANDO GONÇALVES e M. JOÃO ALVES), Almedina, Coimbra, 2001, pp. 28 e ss..

[40] Podemos afirmar que a segurança interna afectada pela prática de crimes restaura-se com a concreção do art. 40.º do CP.

[41] *Vide* G. CANOTILHO e V. MOREIRA, *Op. Cit.,* p. 956.

[42] *Ibidem.*

acção preventiva positiva – impõe-se à POLÍCIA que pratique diligências e actos/medidas de polícia com fundamento na manutenção da ordem jurídica estabelecida constitucionalmente – que fomentará a materialização da segurança interna quer nas perspectivas física, cognitivo-psíquica, histórica, jurídica, privada e pública, e encerra, também, acção preventiva negativa – que prescreve a não ingerência ilegítima, ilegal, desproporcional [inadequada, desnecessária, não subsidiária e desproporcional *stricto sensu*], desleal e antidemocrática, *i. e.*, gravemente onerosa para os direitos, liberdades e garantias do cidadão, por parte das forças de segurança. Podemos, desta feita, afirmar que, no plano da função de vigilância, se cumpre a concreção máxima da função de polícia na prossecução de uma das necessidades colectivas cruciais que se transforma em uma das tarefas fundamentais do Estado – segurança interna –, *i. e.*, cumpre-se o desiderato na dupla visão ôntica da existência de uma força colectiva dotada de prerrogativas de autoridade[43]: prevenção criminal positiva [pró-activa, na voz autorizada de EDGARDO ROTMAM] e negativa [não ingerência inadmissível legal e comunitariamente]. Vejamos em concreto: o direito de manifestação – consagrado no art. 45.º da CRP, cujo regime jurídico se encontra previsto no DL n.º 406/74, de 29 de Agosto – não pode funcionar como limite do direito de liberdade de circulação dos demais cidadãos, nem como limite do direito à imagem ou à propriedade. Este direito/dever implica uma acção de vigilância sobre os que desejam manifestar-se ou se manifestam de modo a que estes não ponham em causa as normas que regulamentam o direito de manifestação, a legalidade do próprio acto manifestação e os direitos de todos os demais cidadãos. Concretizemos:

♦ o exercício de um direito consagrado constitucionalmente não se verifica sem limites e sem pressupostos de respeito automático pelos demais direitos dos cidadãos que o cir-

---

[43] Quanto a este assunto o nosso *Dos Órgãos Polícia...*, pp. 77 e ss. e MARCELLO CAETANO, *Manual de Ciência Política e de Direito Constitucional*, 6.ª Edição (Reimpressão), Almedina, Coimbra, 1996, pp. 143 e ss..

cundam e da comunidade em geral, *i. e.*, só há exercício de um direito quando o mesmo se enquadra no plano de participação democrática – com respeito pela constituição e pela lei, vinculação a que todo o cidadão está sujeito por imperativo constitucional dos artigos 3.º e 18.º da CRP;

♦ consciente de que o ser humano é um ser frágil e pecador por natureza, o legislador constituinte consagrou uma força colectiva, dotada de *ius imperii*, cuja função é defender a legalidade democrática – regras próprias de um estado de *direito democrático*[44] – e garantir os direitos do cidadão – que se impõe à "obrigação de protecção pública dos direitos fundamentais"[45] que se deve articular com o *direito à segurança* consagrado pelo n.º 1 do art.º 27.º da CRP, fundamento da prossecução do princípio da liberdade;

♦ função que se pode concretizar se a força colectiva promover actos e diligência próprias da função de vigilância: proceder legal e proporcionalmente à recolha de informações adequadas ao exercício do direito de manifestação – de modo que se possa efectuar um planeamento operacional que se enquadre dentro do regime previsto na lei – e, simultaneamente, essas informações devem versar sobre a perigosidade ou possibilidade de existirem tumultos que afectem a regular vivência comunitária quer em uma perspectiva individual quer colectiva; proceder à identificação de questões de relevância prática que se prendem com o planeamento policial capaz de uma manifestação decorrer dentro da normalidade democrática.

β. a **função de prevenção criminal** *stricto sensu* traduz a adopção "de medidas adequadas para certas infracções de natureza criminal", que visam a proteger pessoas e bens, a vigiar indivíduos e locais suspeitos, assim como promover todas as medidas cautelares e de polícia tipificadas e proporcionais para que se salvaguardem e se assegurarem os meios de prova – artigos 243.º a 253.º do CPP –, sem que, contudo,

---

[44] *Vide* G. Canotilho e V. Moreira, *Op. Cit.*, p. 69.
[45] *Vide* G. Canotilho e V. Moreira, *Op. Cit...*, p. 956.

dessa prevenção criminal *stricto sensu* resulte ofensa grave ou limite ao exercício dos direitos, liberdades e garantias do cidadão[46], seja suspeito – arguido – seja vítima, seja um outro membro da comunidade. Face à existência de um crime de furto simples – p. e p. pelo art. 203.º do CP – típico crime de alarido social e que provoca alterações fortes da percepção de segurança no plano físico e cognitivo, impõe-se que a POLÍCIA desenvolva diligências ou medidas processuais investigatórias – cumpridos os pressupostos legais de competência e de atribuição – capazes de em tempo útil se poder descobrir, recolher, salvaguardar, analisar e interpretar as provas reais – objecto do crime – e localizar, contactar e apresentar as provas pessoais – agente do crime – sem que se menospreze a problemática da tão apregoada investigação criminológica. Podemos, assim, afirmar sem repúdio e sem receio que a função de prevenção criminal *stricto sensu* preenche o ideário e conteúdo de POLICIA judiciária consagrado no art. 272.º do CPP.

A POLÍCIA, na prossecução das funções de vigilância e de prevenção criminal em sentido estrito, promove e garante a ordem, a segurança e tranquilidade públicas, protege a vida, a integridade das pessoas e a sua propriedade, assegurando não só o normal funcionamento das instituições e o respeito da legalidade democrática, mas também garante a materialização dos direitos e liberdades, sendo o bem-estar cultural e económico um dos mais reclamados numa sociedade organizada política, cultural, social e economicamente[47] – *i. e.*, é o garante da segurança interna.

A prevenção criminal materializa-se se a investigação policial/ /criminal se basear nos ensinamentos e, essencialmente, nos fundamentos das Ciências Jurídico-Criminais, percurso acompanhado com a cientificidade das Ciências Sociais. Sendo estes últimos, como sabemos, fulcrais para se promover uma prevenção criminal *stricto sensu*, que alcançará os seus objectivos materiais e adjectivos permitindo

---

[46] *Idem*, pp. 956/957.
[47] *Vide* art.ᵒˢ 2.º e 4.º da Lei 5/99, de 27 de Janeiro, e art.ᵒˢ 1.º e 16.º da Lei 20/87, de 12 de Junho.

88 I Colóquio de Segurança Interna

que se desenvolvam actos que consignam uma investigação criminal legal, científica e eticamente aceite e defendida pela colectividade.

§4.º Da função de prevenção criminal em um quadro de cooperação internacional

Hoje, a segurança interna, como havíamos referido não se esgota na orla do Estado fronteira, mas embrenha-se na ideia de segurança interna do designado Estado Fronteiras de ADRIANO MOREIRA. Face a um quadro criminógeno local, regional, internacional e transnacional **não podemos ser avestruzes e não olharmos os horizontes do crime regionalizado e do crime global ou transnacional.** A abertura de fronteiras a pessoas e a serviços facilita o desenvolvimento de actividades ilícitas, principalmente quando são desencadeadas por organizações com recursos humanos e materiais superiores aos de quem fiscaliza, investiga e julga: polícia e tribunais. A globalização do crime imprimiu necessariamente a 'globalização' da legislação, da justiça e, por maioria de razão, da actuação policial – segurança[48].

Como instrumento para fazer face à globalização do crime – que ataca as estruturas de uma sociedade democraticamente organizada – devemos seguir a cooperação[49] material[50] – vertical e horizontal interna e internacional – capaz de promover não só o intercâmbio de informações, mas de investigações no terreno com as designadas equipas conjuntas, o pedido de realização de meios de obtenção de prova por outras polícias congéneres, certificação de validade da prova em todos os Estados de uma dada região do globo, e, simultaneamente, a cooperação formal, ou seja, desenvolver a harmonização dos ordenamentos jurídicos internos face aos tratados bilaterais ou multilaterais ou convenções internacionais que vinculem os Estados

---

[48] *Vide* NUNO SEVERIANO TEIXEIRA, *Contributos para a Política de Segurança Interna*, Edição do Ministério da Administração Interna, Lisboa, 2002, p. 15.

[49] Quanto à cooperação policial no âmbito da prevenção criminal, o nosso *Dos Órgãos de Polícia...*, pp. 209 e ss.

[50] O Tratado que estabelece uma Constituição para a Europa prescreve no seu art. III-261.º a cooperação operacional em matéria de segurança interna. No sentido de uma cooperação policial e judicial mais vincada e marcante, VITALINO CANAS, "Crime de Organizado e Subversão das Estruturas Públicas", *in Colóquio O Terrorismo e Global e os Novos Desafios à Segurança Interna*, que decorreu na Universidade Autónoma de Lisboa, em 3 de Novembro de 2004.

aderentes a promover as medidas necessárias à prossecução de medidas atinentes à concretização da assinatura para que se evite que a desarmonização seja a auto-estrada do crime.

Já, em 2001, na Conferência de Alto Nível Sobre a Prevenção da Criminalidade, que decorreu em Vilamoura, proferia ANABELA MIRANDA RODRIGUES que «a cooperação no âmbito da prevenção do crime pode ser desenvolvida em ligação com a cooperação policial e judicial ao nível da aplicação da lei, devendo ir para além do estrito âmbito da cooperação policial. (...) a cooperação pode ter um valor acrescentado, designadamente a recolha de dados relativos à criminalidade na UE ou no que se refere a certos tipos de crimes de carácter transnacional, tais como o crime financeiro ou ligado à alta tecnologia» [51-52]. Como afirmam ANABELA RODRIGUES e JOSÉ LOPES DA MOTA "frente à internacionalização do crime, urge responder com a internacionalização da política de combate ao crime", não sendo, desta feita, "mais possível conservar intactas as fronteiras jurídicas entre os Estados-Membros, quando os controles das fronteiras físicas desapareceram" [53].

A cooperação, que deve abarcar a área da formação, é um instrumento de que os povos do novo mundo se podem socorrer para fazer face a um tipo de crime cancerígeno com ramificações – em rede ou sem rede – por vários Estados fronteira, cuja prevenção só é possível em uma visão ulissiana de situar a segurança interna em um quadro internacional – do qual depende – e, por essa razão, em uma concepção nova de Estado fronteiras, para que não se concretize o vaticínio de ANTÓNIO SACCHETTI quando afirma que «a diversidade europeia é uma riqueza cultural, uma dificuldade política e um desastre estratégico» [54].

---

[51] *Vide* ANABELA MIRANDA RODRIGUES, "Que Política de Prevenção da Criminalidade para a Europa?", *in Conferência de Alto Nível Sobre a Prevenção da Criminalidade*, Edição do Ministério da Justiça, 2001, p.106.

[52] Quanto à garantia de um elevado nível de segurança na União, art. III-257.º e 258.º do Tratado que estabelece uma Constituição para a Europa.

[53] *Vide* ANABELA MIRANDA RODRIGUES e JOSÉ LUÍS LOPES DA MOTA, *Para uma Política Criminal Europeia*, Coimbra Editora, Coimbra, 2002, p. 15 e pp. 41 e ss..

[54] *Vide* ANITÓNIO EMÍLIO FERRAZ SACCHETTI, "A Conjuntura Estratégica Mundial", *in Informações e Segurança – Estudos em Honra do General PEDRO CARDOSO*, (coordenação de ADRIANO MOREIRA), Prefácio, Lisboa, 2003, p. 71.

§5.° Da construção de uma tipologia de segurança interna enleada na liberdade e na legalidade – respeito da dignidade da pessoa humana

i. A segurança interna é concebida legalmente como sendo a garantia da ordem, da segurança e da tranquilidade públicas, a protecção de pessoas e bens, a prevenção da criminalidade e o contributo para assegurar o normal funcionamento das instituições democráticas, o regular exercício dos direitos e liberdades fundamentais dos cidadãos e o respeito pela legalidade democrática – nos termos do n.° 1 do art.° 1.° da Lei n.° 20/87, que aprovou a Lei da Segurança Interna, que, nas palavras de AZEREDO LOPES, se encontra obsoleta e que necessita de ser alterada para que se adeqúe ao que, hoje, se sente quanto à formação das forças de segurança, encontrando-se estas dotadas de uma competência a anos luz da que estávamos habituados a viver.

Da lei e em conjugação com a constituição podemos aferir que a **segurança interna** se enquadra como **necessidade colectiva** – cuja satisfação *regular e contínua* deve ser provida pela *actividade típica dos organismos e indivíduos* da Administração Pública, *nos termos estabelecidos pela legislação aplicável*, devendo aqueles obter para *o efeito os recursos mais adequados e utilizar as formas mais convenientes*, quer sob *direcção ou fiscalização* do poder político, quer sob o *controle dos tribunais* [55] – e, como a **tarefa fundamental do Estado**, a segurança impõe a organização de uma força capaz de servir os interesses vitais da comunidade política, a garantia da estabilidade dos bens, a durabilidade credível das normas e a irrevogabilidade das decisões do poder que respeitem interesses justos e comuns.

Neste sentido, podemos e devemos considerar a segurança como *coacção jurídica* e *coacção material* e, primordial e consequentemente, como uma "garantia de exercício seguro e tranquilo de direitos, liberto de ameaças ou agressões" [56], quer na sua dimensão negativa – direito subjectivo à segurança que comporta a defesa face

---

[55] *Vide* DIOGO FREITAS DO AMARAL, *Curso de Direito Administrativo*, Almedina, Coimbra, 1996, Vol. I, Págs. 32 e ss.

[56] *Vide* G. CANOTILHO e V. MOREIRA, *Op. Cit...*, p. 184.

às agressões dos poderes públicos – quer na sua dimensão positiva – direito positivo à protecção exercida pelos poderes públicos contra quaisquer agressões ou ameaças de outrem[57]. Defendemos, assim, que foi neste sentido que o legislador Constitucional consagrou o direito à segurança no mesmo número do mesmo artigo – 27.º – da Constituição ao consagrar o direito à liberdade, funcionando os dois como corolários e fundamento da expressão de todos os demais direitos fundamentais pessoais, culturais, sociais e económicos.

ii. Como se depreende da nossa exposição, a segurança – interna e externa – deve ser em primeira linha encarada como um direito relativo e não absoluto face ao direito, ao valor, ao princípio da liberdade. Como já referimos, na esteira de GOMES CANOTILHO e VITAL MOREIRA[58], a segurança é, como direito fundamental, uma garantia do cidadão para que exerça segura e tranquilamente os demais direitos fundamentais – pessoais, sociais e políticos, económicos – exercício este apartado de qualquer ameaça ou agressão quer pelo concidadão quer pelos entes do Estado.

A tipologia de segurança, com o art. 3.º da Constituição de 1822 – no sentido de segurança pessoal: «protecção que o governo deve dar a todos os cidadãos para poderem conservar os seus direitos pessoais» –, ganha força mais de *garantia de direitos* do que força de *direito autónomo*[59]. Todavia, o direito à segurança seja na sua *dimensão negativa* [protecção contra *os poderes públicos*], seja na sua *dimensão positiva* [protecção contra *agressões de outrem*], não pode, como bem jurídico tutelado constitucionalmente, ser promovido de forma que viole a prossecução dos direitos fundamentais pessoais, cujo exercício limitam a sua amplitude baseada no pressuposto da realização do interesse público[60].

O direito à segurança, tarefa primordial do Estado, não pode nem deve socorrer-se de meios ou medidas de cariz de Estado de

---

[57] *Ibidem.*

[58] *Ibidem.*

[59] *Ibidem.*

[60] Pensamos importante referir que o interesse público deveria ser *o de que cada um tenha as melhores possibilidades de alcançar a satisfação dos seus interesses. Vide* MANUEL FONTAINE CAMPOS, *O Direito e a Moral no Pensamento de Friedrrich Hayek*, UCP – Porto, 2000, p. 106.

Polícia, mas de meios que encontram, onticamente, o seu fundamento e a sua causa de existência nos próprios direitos pessoais enraizados na promoção do respeito da dignidade humana.

A segurança como direito do cidadão surge como dever do Estado, que, além de ser responsável por esta garantia, compete-lhe constitucionalmente «garantir os direitos e liberdades fundamentais e o respeito pelos princípios do Estado de Direito Democrático», *ex vi* al. *b)* do art. 9.º da CRP. É nesta perspectiva que seguimos G. MARQUES DA SILVA quando nos ensina que as restrições devem-se limitar "ao mínimo indispensável, para se poder conciliar o aprofundamento das liberdades individuais com a segurança colectiva"[61]. Maior deve ser a limitação sempre que estejam em causa medidas que atentem contra "a esfera nuclear das pessoas e da sua vida"[62], cuja tutela não se esgota civilmente, mas alarga-se à tutela penal: como o direito à vida, à integridade física, à imagem, à reserva da vida privada, ao bom nome e reputação.

O direito à segurança – face ao grande valor ou ao valor supremo da justiça que é a liberdade[63] e tendo em conta o ensinamento de ALEXIS TOCQUEVILLE de que "o grande objectivo da justiça é o de substituir o uso da violência pela ideia de justiça..."[64] – não pode nem deve ser encarado como um direito absoluto do cidadão, nem como uma garantia absoluta de todos os outros direitos, porque estes podem ser garantidos não só através de uma acção activa do Estado, mas também através de medidas e acções preconizadas pelos próprios cidadãos, que devem ter um papel dinâmico e activo fundamental na prossecução e desenvolvimento de uma segurança própria inserida em um Estado que se quer de Direito e Democrático, incentivando a participação democrática na construção material e funcional de segurança interna. A **absolutização ou deusificação do direito à segurança promoveria a nidificação dos demais direitos fundamentais pessoais** consequência inaceitável em uma comunidade que se arroga de valores humanitários, ou seja, como nos ensina o douto Mestre

---

[61] *Vide* G. MARQUES DA SILVA, Entrevista, in *Polícia Portuguesa,* Ano LXIII, n.º 123, Março/Abril 2000.

[62] *Vide* G. CANOTILHO e VITAL MOREIRA, *Op. Cit...,* p.179.

[63] *Vide* HANS KELSEN, *A Justiça e o Direito Natural*, (tradução de JOÃO BAPTISTA MACHADO), Almedina, 2001, p. 81.

[64] *Vide* ALEXIS TOCQUEVILLE, *Da Democracia na América*, (tradução de CARLOS CORREIA MONTEIRO DE OLIVEIRA), Principia, S. João do Estoril, 2002, p. 180.

HASSEMER, as «restrições aos direitos fundamentais devem ser pesadas cautelosamente, devem ser aplicadas concentradamente e, em todo caso, ser guarnecidas com instrumentos que permitam o controlo"[65] e «de uma vez por todas, deixemos de acreditar na lenda, segundo a qual os meios de coerção pensados atingem apenas o "criminoso", como se houvesse uma linha de demarcação para tais coerções, capaz de excluir os bons cidadãos dos "outros"»[66].

A perspectiva securitarista do Estado não pode atar-se à defesa exacerbada e desnorteada de recurso de meios técnicos e tecnológicos que colocam em causa a onticidade do Homem, agravando-se esta perspectiva por esse recurso ser sistemático sem, por um lado, se avaliar, em primeiro lugar, se os meios técnicos e tecnológicos anteriores eram proporcionais *lato sensu* para o exercício da segurança interna e, por outro, sem se avaliar ou indagar onde falhou a inutilidade ou ineficiência do meio revogado por se considerar decrépito[67].

O argumento da política securitária de que sem segurança não existe liberdade nem exercício dos demais direitos pessoais não é fundamento para defender a implementação de meios técnicos de investigação de eficácia duvidosa para a prevenção e repressão da criminalidade, sob pena de darmos um carácter quase absoluto ao bem jurídico segurança – interna e externa – superiorizando-se face aos demais direitos pessoais, que, em uma sociedade democrática, deveriam ser intangíveis, quando queremos e defendemos uma estrutura social em crescimento assente nas premissas da independência e afirmação pessoal do indivíduo: liberdade e responsabilidade. Ao coarctarmos estes dois vectores estamos indirectamente a restringir o exercício pleno e concreto dos direitos fundamentais.

iii. Cumpre-nos nesta praia de dúvidas incessantes, apresentar o nosso contributo mínimo para um tipologia de segurança interna. Contributo que não se autolimita no art. 272.º da CRP, mas que dele parte e a ele chega.

---

[65] *Vide* W. HASSEMER, *Op. Cit.*, pp. 116.
[66] *Idem*, p. 117.
[67] Quanto a esta crítica W. HASSEMER, *Op. Cit.*, pp. 116 e ss..

À tipologia legal – prevista no n.º 1 do art. 1.º da LSI – cuidamos em acrescentar a razão de ser da segurança interna – *i. e.*, a razão de ser prende-se com o estabelecimento do homem em comunidade organizada política e democraticamente em um território cujo poder está vinculado a dois grandes princípios estruturantes e, por conseguinte, que moldam a ideia de segurança interna: o respeito da dignidade da pessoa humana[68] e a vontade popular, cuja visão teleológica é a promoção de uma sociedade justa, livre e solidária. Ora vejamos, a segurança interna deve ter como fundamento nuclear a prossecução ou materialização e realização do respeito da dignidade da pessoa humana – que confere, como ensina J. MIRANDA, "uma unidade de sentido, de valor e de concordância pratica ao sistema de direitos fundamentais"[69] por fazer da *pessoa* "fundamento e fim da sociedade e do Estado"[70], sendo por isso que se deve reportar à "ideia de protecção e desenvolvimento das pessoas"[71] – com a promoção de uma ordem, de uma segurança e de uma tranquilidade públicas, que seja capaz e eficiente na protecção das pessoas contra quaisquer ameaças ou agressões de outrem ou dos próprios poderes públicos que ponham em causa a sua vida, a sua integridade física ou moral, que seja eficaz não só na protecção, como também na promoção do bem-estar material das pessoas[72].

A centralização do respeito da dignidade da pessoa humana – fundada na educação do povo no sentido da liberdade e da responsabilidade individual e colectiva, *i. e.*, do reconhecimento do *alter* – como cerne da segurança interna a promover pelo Estado – proteger a vida, a integridade e a propriedade das pessoas, promover a defesa dos demais direitos pessoais, culturais, sociais e económicos através da acção da POLÍCIA, à qual é cometida também a função de prevenção da criminalidade, como estipula o n.º 3 do art.º 272.º da CRP[73] –

---

[68] A dignidade da pessoa humana, reconhecida pelo preâmbulo da DUDH como "fundamento da liberdade, da justiça e da paz no mundo", apresentando-se como princípio estruturante do nosso Estado e como fundamento do direito à vida, (à integridade física e moral) à liberdade e à segurança quer pessoal, quer colectiva.

[69] *Vide* JORGE MIRANDA, *Manual de Direito Constitucional – Tomo IV – Direitos Fundamentais*, 3.ª Edição, Coimbra Editora, 2000, p. 180.

[70] *Ibidem.*

[71] *Idem*, p. 181.

[72] No sentido da dignidade da pessoa humana como raiz de melhoria da qualidade de vida, JORGE MIRANDA, *Manual...*, p. 192 e 193.

[73] *Hoc sensu* G. CANOTILHO e V. MOREIRA, *Op. Cit...*, p. 957.

reforça-se com a força vinculativa que emerge do poder de vedar a suspensão – mesmo que estejamos *em estado de sítio* – dos direitos fundamentais pessoais vida, integridade pessoal, identidade pessoal, capacidade civil e de cidadania, irretroactividade da lei penal, defesa de arguido, liberdade de consciência e de religião – conforme n.º 6 do art. 19.º da CRP [74].

A segurança interna encontra-se onticamente no padrão dogmático de fundamento e fim no respeito da dignidade da pessoa humana, cujo olhar míope pode delatar o verdadeiro sentido jurídico--constitucional e jurídico-ordinário consubstanciado na ordem social. A segurança interna arrogante – que ofenda bens jurídicos fulcrais ao desenvolvimento do Homem em sociedade e ao desenvolvimento desta – está dotada de uma enorme ignorância. Perversão que não queremos que alcance a concreção plena, sob pena de nidificação do Homem face à divinização da segurança interna.

Muito obrigado!

Palmela, 17 de Novembro de 2004

---

[74] Quanto a este assunto JORGE MIRANDA, *Manual..*, p. 185 e 369.

Bibliografia

AMARAL, Diogo Freitas do, *Curso de Direito Administrativo*, Almedina, Coimbra, 1996, Vol. I.

ANDRADE, José Vieira de, *Os Direitos Fundamentais na Constituição Portuguesa de 1976*, 2.ª edição, Livraria Almedina, Coimbra, 2001.

ANTÓN, Tomás Vives, "El Proceso Penal de la Presunción de Inocencia", *in Jornadas de Processo Penal e Direitos Fundamentais*, (Coordenação de FERNANDA PALMA), Almedina, 2004.

CAETANO, Marcello, *Manual de Ciência Política e de Direito Constitucional*, 6.ª Edição (Reimpressão), Almedina, Coimbra, 1996, Tomo I.

–, *Princípios Fundamentais do Direito Administrativo*, 2.ª Reimpressão da Edição Brasileira de 1977, Almedina, Coimbra, 2003.

CAMPOS, Manuel Fontaine, *O Direito e a Moral no Pensamento de Friedrrich Hayek*, UCP – Porto, 2000.

CANAS, Vitalino, "Crime de Organizado e Subversão das Estruturas Públicas", *in Colóquio O Terrorismo e Global e os Novos Desafios à Segurança Interna*, que decorreu na Universidade Autónoma de Lisboa, em 3 de Novembro de 2004.

CONDE, Francisco Muños, *Introducción al Derecho Penal*, 2.ª Edición, Editorial Montevideo, Buenos Aires.

DIAS, Jorge de Figueiredo, "O direito penal entre a sociedade industrial e a sociedade do risco", *in Estudos em Homenagem ao Professor Doutor Rogério Soares*, Coimbra Editora, 2001.

–, *Direito Processual Penal*, (Lições coligidas por MARIA JOÃO ANTUNES), Coimbra, 1988-9.

HASSEMER, Winfried, *A Segurança Pública no Estado de Direito*, AAFDL, Lisboa, 1995.

KELSEN, Hans, *A Justiça e o Direito Natural*, (tradução de JOÃO BAPTISTA MACHADO), Almedina, 2001.

MACHADO, Carla, *Crime e Insegurança – Discursos do Medo, Imagens do «outro»*, Editorial Notícias, Lisboa, 2004.

MACHADO, Rocha, *Poder – Da Estrutura Individual à Construção Mediática*, Autonomia 27, Lisboa, 2003.

MIRANDA, Jorge, *Manual de Direito Constitucional – Tomo IV – Direitos Fundamentais*, 3.ª Edição, Coimbra Editora, 2000.

Nunes, Isabel Ferreira, "Segurança internacional, os princípios idealistas e a lógica realista", *in Informações e Segurança*, Coordenação de Adriano Moreira, Prefácio, 2003.

Popper, Karl, *Conjecturas e Refutações*, (tradução de Benedita Bettencourt), Almedina, Coimbra, 2003.

Rodrigues, Anabela Miranda, "Que Política de Prevenção da Criminalidade para a Europa?", *in Conferência de Alto Nível Sobre a Prevenção da Criminalidade*, Edição do Ministério da Justiça, 2001.

Rodrigues, Anabela Miranda e Mota, José Luís Lopes da, *Para uma Política Criminal Europeia*, Coimbra Editora, Coimbra, 2002.

Sacchetti, António Emílio Ferraz, "A Conjuntura Estratégica Mundial", *in Informações e Segurança – Estudos em Honra do General Pedro Cardoso*, (coordenação de Adriano Moreira), Prefácio, Lisboa, 2003.

Silva, Gemano Marques da, *Curso de Processo Penal*, 4.ª Edição, Verbo, Lisboa/S. Paulo, 2000.

–, Entrevista, in *Polícia Portuguesa*, Ano XIII, n.º 123, Março/Abril, 2000.

Teixeira, Nuno Severiano, *Contributos para a Política de Segurança Interna*, Edição do Ministério da Administração Interna, Lisboa, 2002.

Tocqueville, Alexis, *Da Democracia na América*, (tradução de Carlos Correia Monteiro de Oliveira), Principia, S. João do Estoril, 2002.

Valente, Manuel Monteiro Guedes, "A Segurança como tarefa fundamental do Estado de Direito Democrático", *in Revista Pública Portuguesa*, ano LXIII, II Série, n.º 125, SET/OUT 2002.

–, "Enquadramento Jurídico das Polícias Municipais: do quadro constitucional ao quadro ordinário", *in Estudos de Homenagem ao Professor Doutor Germano Marques da Silva*, Almedina, Coimbra, 2004.

–, *Consumo de Drogas – Reflexões sobre o Novo Quadro Legal*, Almedina, Coimbra, 2002 (1.ª Edição), 2003 (2.ª Edição).

–, *Dos Órgãos de Polícia Criminal – Natureza-Intervenção-Cooperação*, Almedina, Coimbra, 2004.

–, *Processo Penal – Tomo I*, Livraria Almedina, 2004.

–, *O Novo Regime Jurídico do Agente Infiltrado – Comentado e Anotado* – Legislação Complementar, (em co-autoria com FERNANDO GONÇALVES e M. JOÃO ALVES), Almedina, Coimbra, 2001.

VITORINO, António, "Defesa Nacional", *in 1.º Suplemento do Dicionário Jurídico da Administração Pública*, Lisboa, 1996.

III MESA

As Ciências Policiais na Discursividade da Segurança Interna
Presidência: Subintendente HELDER VALENTE DIAS – Director de Ensino
do Instituto Superior de Ciências Policiais e Segurança Interna

Prelectores
A segurança interna no quadro europeu
Prof.a Doutora CONSTANÇA URBANO DE SOUSA – Professora do ISCPSI,
da Universidade Nova e da Universidade Autónoma

**As Novas Ameaças como Instrumento de Mutação
do Conceito de Segurança**
Subintendente FIÃES FERNANDES – Docente do ISCPSI
e Assessor do Ministro da Administração Interna

Direito penal e segurança Interna
Dr. DAVID CATANA – Docente do ISCPSI e Advogado

A SEGURANÇA INTERNA NO ESPAÇO EUROPEU[*]

CONSTANÇA URBANO DE SOUSA[**]

Introdução

A política de segurança interna no seio da União Europeia é um elemento daquele que é um dos maiores desafios da União Europeia: o seu desenvolvimento enquanto espaço de liberdade, segurança e justiça[1]. Com a entrada em vigor do Tratado de Amesterdão, à União Europeia foi atribuído o objectivo global de se desenvolver não só como um espaço onde a livre circulação de pessoas é assegurada, mas como um espaço que proporciona aos cidadãos condições de segurança e de melhor acesso à Justiça. Trata-se no fundo de reafirmar o princípio comunitário da livre circulação de pessoas aliando-o à necessidade de dotar a União Europeia de uma política nos domínios da polícia e da justiça penal, de forma a combater todos aqueles que negam ou abusam desta liberdade.

Este objectivo implica uma ruptura com a cooperação meramente intergovernamental no domínio da polícia e da justiça penal, que deixa de ser considerada como uma mera questão de interesse comum ou uma mera medida compensatória da supressão de controlos nas fronteiras internas.

Face à cada vez maior sofisticação das organizações criminosas num mundo em que o crime e a economia paralela estão também

---

[*] Texto que ora se publica corresponde à conferência que a Autora proferiu no dia 18 de Novembro de 2004 no âmbito do I Colóquio de Segurança Interna promovido pelo ISCPSI.

[**] Professora Associada do Departamento de Direito da Universidade Autónoma de Lisboa, Professora Convidada do ISCPSI e da FDUNL, membro do CEDIS.

[1] Artigo 2.º, 4.º travessão do Tratado que institui a União Europeia (TUE).

102   *I Colóquio de Segurança Interna*

globalizados, temos que admitir que, mesmo com controlos nas fronteiras internas, os Estados estão, isoladamente considerados, cada vez mais incapazes de assegurar aos cidadãos um nível elevado de segurança. Daí que o reforço da cooperação policial e judiciária em matéria penal ao nível da União Europeia assuma hoje um papel crucial para a eficiência dos nossos sistemas de polícia e justiça penal no combate à criminalidade transnacional.

A acção da União Europeia nos domínios da segurança interna é o tema complexo desta sessão que dividi em quatro partes. Depois de uma breve alusão à evolução histórica da cooperação nos domínios da Justiça e Assuntos Internos, abordarei o actual enquadramento normativo-institucional da cooperação policial e judiciária em matéria penal (Terceiro Pilar). Neste âmbito, farei uma referência a algumas medidas adoptadas pelo Conselho. Depois de apontar algumas deficiências do Terceiro Pilar, farei uma breve incursão pelo futuro da cooperação nestes domínios tal como está desenhado pelo Tratado que estabelece uma Constituição para a Europa.

1. Evolução

A actual política da União Europeia nos domínios da segurança interna é fruto do processo evolutivo da integração europeia, tendo a sua origem nas liberdades do Mercado Comum que estão na génese da criação das Comunidades Europeias[2]. Com efeito, a tomada de consciência que as liberdades do Mercado Comum potenciavam fenómenos de criminalidade transnacional e que a eficácia da sua prevenção e repressão não se compadecia com soluções limitadas ao espaço nacional conduziu, na década de 70, à criação de estruturas de cooperação meramente intergovernamental e à margem do quadro institucional das Comunidades. Surge assim o Grupo Trevi, criado pelos Ministros dos Assuntos Internos dos Estados Membros, em 1975.

---

[2] Sobre esta evolução ver CONSTANÇA URBANO DE SOUSA, A cooperação policial e judiciária em matéria penal na União Europeia – Evolução e perspectivas, Polícia e Justiça, III Série, n.º 2, Julho-Dezembro de 2003, pp. 10 e segs. e bibliografia aí citada.

A Segurança Interna no Espaço Europeu 103

Por outro lado, perante a impossibilidade política de, no seio das Comunidades Europeias, se realizar plenamente a livre circulação de pessoas, que implica a supressão de controlos nas suas fronteiras comuns, alguns Estados Membros decidiram prosseguir este objectivo comunitário à margem do quadro institucional e normativo das Comunidades, criando através da assinatura, em 1985, do Acordo de Schengen e, em 1990, da sua Convenção de Aplicação, o denominado Espaço Schengen. Este espaço abrange, hoje, os Estados Membros da União Europeia, com excepção do Reino Unido e Irlanda. Para garantir uma realização segura deste espaço de livre circulação, a Convenção de Aplicação do Acordo de Schengen (CAAS) prevê um conjunto de medidas compensatórias das consequências directas e indirectas que esta mesma liberdade tem para a segurança interna dos Estados Membros. De entre estas destacam-se as relativas à obrigação de assistência mútua e intercâmbio espontâneo de informações por intermédio do Gabinete Nacional Sirene, bem como o direito de vigilância e de perseguição transfronteiriça. Um paliativo precioso para a inexistência de controlos nas fronteiras internas é o Sistema de Informação Schengen, pois permite às entidades nacionais competentes em matéria de controlos de fronteiras e aos agentes de polícia um acesso rápido a informações sobre várias categorias de pessoas[3], bem como objectos[4] procurados para efeitos de apreensão ou prova num processo penal.

Com a criação da União Europeia pelo Tratado de Maastricht, que entrou em vigor em 1 de Novembro de 1993, a liberdade de circulação de pessoas sofre uma alteração qualitativa, passando a constituir um direito fundamental de todos os nacionais dos Estados Membros (e não apenas dos agentes económicos) no âmbito da Cidadania da União. Como a consagração do direito de livre circulação num espaço sem fronteiras internas também potencia a mobilidade dos nacionais de terceiros países e dos agentes do crime, o legislador de Maastricht dotou a cooperação informal existente desde os anos 70 nos domínios da justiça e assuntos internos de um quadro institucional e jurídico, criando, assim, o Terceiro Pilar da União Europeia, regido pelo título VI do TUE.

---

[3] Pessoas procuradas para detenção para efeitos de extradição, estrangeiros para efeitos de não admissão, pessoas desaparecidas, testemunhas, etc.

[4] Veículos, armas de fogo, documentos extraviados, notas de banco.

Matérias como a política de imigração e asilo, a luta contra a fraude internacional, a cooperação judiciária e a cooperação policial no domínio da criminalidade internacional passaram a ser consideradas como "questões de interesse comum"[5], passíveis de ser objecto de uma acção concertada no âmbito do Terceiro Pilar da União Europeia. Não se tratava de uma competência comunitária, de natureza supranacional, mas de um enquadramento institucional para a cooperação entre os Estados Membros da União Europeia, que surge, assim, ao lado daquela que era prosseguida no âmbito do Espaço Schengen.

Este modelo de cooperação apresentava, no entanto, deficiências a vários níveis, como a morosidade do procedimento de decisão, dominado pela regra da unanimidade, e a preferência por instrumentos do Direito Internacional destituídos de efeitos vinculativos. Por outro lado, o défice de controlo democrático devido ao papel limitado do Parlamento Europeu e a ausência generalizada de controlo jurisdicional da acção da União Europeia eram particularmente intoleráveis à luz dos princípios do Estado de Direito, pois tratam-se de domínios de grande potencial de interferência nos Direitos, Liberdades e Garantias dos cidadãos.

Estas deficiências e a necessidade de dotar a União Europeia de uma maior capacidade de resposta aos problemas de segurança que afectam os cidadãos contribuíram para que o Tratado de Amesterdão reformasse substancialmente o enquadramento jurídico-institucional do Terceiro Pilar, no âmbito da criação do espaço de liberdade, segurança e justiça[6].

---

[5] Artigo K.1 do Tratado de Maastricht.

[6] A importância deste novo objectivo da União foi realçada pelo Conselho Europeu de Tampere, em 1999, que traçou uma estratégia política para a sua concretização. No âmbito da cooperação judiciária e da luta contra a criminalidade ao nível da União, o Conselho Europeu de Tampere propôs uma série de medidas concretas, das quais se destacam as seguintes: O reconhecimento mútuo de sentenças e decisões judiciais, considerado a pedra angular da cooperação judiciária; A constituição de uma unidade operacional de chefes de polícia para intercâmbio de experiências e informações, bem como para o planeamento de acções operacionais; A constituição de equipas de investigação conjuntas, em especial no domínio do tráfico de droga, do tráfico de seres humanos e do terrorismo; O reforço do papel da Europol; A criação de uma Unidade de Cooperação Judiciária, a EUROJUST, com a missão de facilitar a coordenação das autoridades judiciárias nacionais, dar apoio às investigações criminais em processos de crime organizado e cooperar com a

A Segurança Interna no Espaço Europeu 105

Por um lado, transferiu para a esfera de competências da Comunidade Europeia aquelas matérias mais directamente relacionadas com a livre circulação de pessoas, como a passagem e controlos nas fronteiras externas, o asilo, a política de vistos, a política de imigração e a cooperação judiciária em matéria civil, hoje reguladas no novo título IV do Tratado da Comunidade Europeia[7].

Por outro lado, reformou substancialmente o Terceiro Pilar através das seguintes medidas: redução do seu âmbito material aos domínios da cooperação policial e judiciária em matéria penal; criação de uma nova tipologia de actos jurídicos vinculativos de Direito Derivado da União nestes domínios; reforço do papel da Comissão, que passa a ter um direito de iniciativa; previsão da consulta prévia e obrigatória do PE antes da adopção dos actos normativos do Terceiro Pilar; atribuição de competências jurisdicionais, embora limitadas, ao Tribunal de Justiça.

Por fim, um Protocolo anexo ao Tratado de Amesterdão integrou o acervo de Schengen na União Europeia, permitindo aos Estados Parte no Espaço Schengen continuarem a cooperação Schengen no quadro institucional e jurídico da União Europeia (Terceiro Pilar e Comunidade Europeia), a título de cooperação reforçada[8].

Rede Judiciária Europeia a fim de simplificar a execução de cartas rogatórias; A criação da Academia Europeia de Polícia para a formação de altos funcionários policiais e judiciais; A harmonização paulatina do direito penal, que incidirá primeiro em domínios de especial importância, quer pelo seu carácter transnacional, quer pela sua especial gravidade, como a criminalidade financeira, o tráfico de seres humanos, os crimes de alta tecnologia e os crimes contra o ambiente.

[7] Esta vertente comunitária do espaço de liberdade, segurança e justiça sofre no entanto derrogações significativas em relação ao Reino Unido, Irlanda e Dinamarca, não se aplicando em princípio a estes Estados Membros de acordo com os protocolos relativos aos respectivos *opt-outs*.

[8] O Reino Unido e a Irlanda não se encontram vinculados pelos Acordos de Schengen, embora possam, nos termos do artigo 4.º do Protocolo que integra o Acervo de Schengen no âmbito da UE, requerer ao Conselho, a todo o tempo, "a possibilidade de aplicar, no todo ou em parte, as disposições desse acervo (cláusula de *opt in*). Estes Estados Membros participam hoje nas disposições do acervo de Schengen relativas à cooperação policial e judiciária em matéria penal, incluindo as relativas ao SIS, com excepção do direito de perseguição transfronteiriça e o acesso a dados relativos a estrangeiros para efeitos de não admissão. A Dinamarca beneficia de um regime especial, e complexo, estabelecido no artigo 3.º do Protocolo que integra o Acervo de Schengen no âmbito da UE e no Protocolo relativo à posição deste Estado Membro, que lhe concede um *opt out* relativamente às

2. A cooperação policial e judiciária em matéria penal na União Europeia: enquadramento normativo-institucional

De acordo com o disposto no artigo 29.º do TUE é objectivo da cooperação policial e judiciária em matéria penal facultar aos cidadãos um elevado nível de protecção num espaço de liberdade, segurança e justiça mediante a prevenção e combate da criminalidade, em especial do terrorismo, do tráfico de seres humanos, dos crimes contra as crianças, do tráfico de drogas e armas, da corrupção e da fraude. A realização deste objectivo implica uma cooperação reforçada entre as autoridades policiais, directamente ou por intermédio da EUROPOL, uma cooperação mais estreita entre as autoridades judiciárias, directamente ou através da EUROJUST, bem como uma certa harmonização do direito penal dos Estados Membros.

Nos domínios da polícia, a acção da União Europeia abrange as seguintes matérias: a cooperação operacional em matéria de prevenção e detecção de infracções penais, bem como de investigação criminal; a recolha, o armazenamento, o tratamento, a análise e o intercâmbio de informações entre as entidades nacionais competentes ou através da Europol, sem prejuízo da protecção de dados pessoais; a formação, o intercâmbio de agentes de ligação, a utilização de equipamento e a investigação forense; a avaliação de técnicas de investigação no domínio da detecção de formas de criminalidade organizada[9].

A acção da União Europeia nos domínios da justiça penal incide sobre as seguintes matérias: tramitação dos processos e execução das decisões; extradição entre os Estados Membros; a compatibilização das normas nacionais, na medida do necessário para melhorar esta cooperação; a prevenção de conflitos de jurisdição; e a adopção gradual de regras penais mínimas relativas aos elementos constitutivos dos tipos penais e às sanções aplicáveis nos domínios da criminalidade organizada, do terrorismo e do tráfico ilícito de droga[10].

---

medidas de desenvolvimento do acervo de Schengen adoptadas com base no novo Título IV do TCE, embora prevendo a possibilidade de *opt in* (artigo 5..º do Protocolo relativo à posição da Dinamarca).

[9] Artigo 30, n.º 1 do TUE.

[10] Artigo 31 do TUE.

2.1. Instrumentos jurídicos

O artigo 34.º, n.º 2 do TUE põe à disposição das Instituições da União Europeia, em especial do Conselho, instrumentos jurídicos específicos que constituem a nova tipologia dos actos normativos do direito derivado da União nos domínios da cooperação policial e judiciária em matéria penal: a posição comum, a decisão-quadro, a decisão e a convenção.

A posição comum define a abordagem da União Europeia em relação a uma questão específica dos domínios da polícia e justiça penal.

A decisão-quadro é um acto normativo, que serve para harmonizar as disposições legislativas e regulamentares dos Estados Membros relativas às matérias que são objecto da cooperação policial e judiciária em matéria penal. À semelhança da directiva comunitária, a decisão-quadro apenas vincula os Estados Membros quanto ao resultado a alcançar, deixando-lhes liberdade quanto à forma e aos meios. É um processo de legislação indirecta, pois pressupõe a adopção pelos Estados Membros de normas de direito interno de transposição. Ao contrário das directivas comunitárias, as decisões-quadro não poderão produzir efeito directo na ordem jurídica interna. Ou seja, só produzem a plenitude dos seus efeitos jurídicos com a adopção de legislação nacional de execução.

A decisão tem carácter vinculativo e serve para a realização dos objectivos do Terceiro Pilar, com excepção da harmonização das disposições legislativas e regulamentares dos Estados Membros. É o instrumento utilizado para criar organismos e estruturas de cooperação, como a Eurojust ou a Academia Europeia de Polícia

A convenção, instrumento típico do direito internacional clássico, é elaborada pelo Conselho e sujeita a ratificação pelos Estados Membros de acordo com as respectivas normas constitucionais. Para acelerar a sua entrada em vigor, o Tratado de Amesterdão introduziu algumas novidades. Por um lado, o Conselho pode fixar aos Estados Membros um prazo para iniciarem o processo de ratificação das convenções por ele elaboradas. Por outro lado, as convenções entram em vigor logo que ratificadas por metade dos Estados Membros, salvo disposição expressa destas convenções em contrário.

2.2. Enquadramento Institucional

2.2.1. *As Instituições*

Relativamente ao enquadramento institucional da cooperação nos domínios da polícia e justiça penal, o Título VI do TUE mantém uma lógica predominantemente intergoveramental, pese embora o reforço do papel das Instituições Comunitárias.

Os Estados Membros têm um papel decisivo, tanto directamente como através da Instituição que representa os seus interesses, o Conselho, que detém o poder de decisão.

Uma das prerrogativas mais salientes dos Estados Membros consiste no seu direito de iniciativa, podendo propor ao Conselho a adopção dos actos normativos ou que elabore Convenções nos domínios relevantes do Terceiro Pilar. Por outro lado, dispõem no Conselho de um verdadeiro de veto, derivado da regra da unanimidade na adopção de actos normativos.

O Conselho detém o poder legislativo no Terceiro Pilar. Além de promover a cooperação nos domínios da polícia e da justiça penal, de forma a realizar os seus objectivos, a ele compete adoptar, sob proposta dos Estados Membros ou da Comissão, posições comuns, decisões-quadro e decisões, bem como elaborar convenções e propor a sua adopção aos Estados Membros. O Conselho pode ainda adoptar recomendações, resoluções, pareceres e outros actos sem efeito jurídico vinculativo, bem como, segundo o artigo 38.º do TUE, celebrar acordos internacionais com Estados terceiros e Organizações Internacionais nos domínios do Terceiro Pilar. Por fim, o Conselho tem ainda a competência para autorizar os Estados Membros a instituírem entre si uma cooperação reforçada nos domínios do Título VI.

No que concerne ao procedimento de decisão, o Tratado de Amesterdão não alterou substancialmente o regime anterior, mantendo a regra da unanimidade, acentuando assim a natureza intergovernamental desta acção da União Europeia, que não releva de uma lógica comunitária, supranacional.

O papel da Comissão nestes domínios foi reforçado, pois passou a dispor de um direito de iniciativa partilhado com os Estados Membros, antes expressamente excluído.

O Tratado de Amesterdão também reforçou o papel do Parlamento Europeu no processo de decisão, prevendo o seu parecer prévio obrigatório para a adopção de decisões-quadro, decisões e convenções (artigo 39.º, n.º 1 do TUE), garantindo, assim, um maior controlo democrático da acção da União Europeia nestes domínios.

O Tribunal de Justiça passou a ter competência jurisdicional no âmbito de um sistema específico de vias processuais, estabelecido no artigo 35.º: Reenvio prejudicial de interpretação das convenções "Terceiro Pilar" e de interpretação e validade das decisões-quadro, decisões e respectivas medidas de aplicação[11]; Fiscalização da legalidade das decisões-quadro e das decisões adoptadas pelo Conselho no âmbito de um recurso de anulação interposto pela Comissão ou pelos Estados Membros; Resolução de qualquer litígio entre os Estados Membros relativo à interpretação ou execução das posições comuns, decisões-quadro, decisões, convenções e respectivas medidas de execução e aplicação, sempre que este não possa ser resolvido em fase pré-contenciosa pelo Conselho no prazo de seis meses a contar da data em que lhe tenha sido submetido por um Estado Membro; Resolução, sem fase pré-contenciosa, de litígios entre os Estados Membros e a Comissão decorrentes da interpretação e aplicação das Convenções celebradas no âmbito do Terceiro Pilar.

Em qualquer caso, o Tribunal não tem competência para fiscalizar a validade ou a proporcionalidade das operações de polícia dos Estados Membros, nem o exercício das responsabilidades que lhes incumbem em matéria de manutenção da ordem pública e segurança interna (artigo 35, n.º 5 do TUE).

2.2.2. A EUROPOL e a EUROJUST

Criado por uma convenção dos Estados Membros, assinada em 1995, o Serviço Europeu de Polícia – EUROPOL – é um organismo da União Europeia dotado de personalidade jurídica e estrutura orgânica própria.

---

[11] Esta competência prejudicial do Tribunal de Justiça é, no entanto, facultativa, pois está subordinada a uma declaração de aceitação prévia por parte dos Estados Membros que pretendam facultar aos tribunais nacionais a possibilidade de submeterem ao Tribunal questões prejudiciais de interpretação ou validade do Direito da União adoptado no âmbito do Terceiro Pilar.

Em funcionamento desde Julho de 1999, o objectivo da EUROPOL é melhorar a eficácia dos serviços policiais nacionais e a sua cooperação no domínio da prevenção e combate ao terrorismo, ao tráfico de estupefacientes e outras formas de criminalidade enumeradas no artigo 2.º e no anexo à Convenção, que afectem dois ou mais Estados Membros, impondo assim uma acção comum[12]. De acordo com o artigo 3.º da Convenção EUROPOL as suas funções específicas são: facilitar o intercâmbio de informações; recolher, analisar e manter um Sistema de Informações relativos ao seu âmbito de actuação; fornecer todas as informações necessárias aos serviços nacionais competentes para a prevenção e combate à criminalidade, de forma a promover a eficácia das actividades operacionais; prestar apoio aos Estados Membros no domínio da formação e do desenvolvimento de métodos de prevenção e investigação da criminalidade.

Em cada Estado Membro funciona uma unidade nacional[13] que é o elo de ligação entre os serviços nacionais de polícia e a EUROPOL. São as unidades nacionais, através dos agentes de ligação, que facultam à EUROPOL as informações pertinentes, respondem a pedidos de informação, difundem as suas informações junto dos serviços nacionais, transmitem dados para serem introduzidos no Sistema de Informações da Europol, etc.

Para incrementar a eficácia da acção concertada dos Estados Membros no domínio da prevenção e combate ao crime, o artigo 30.º, n.º 2 do TUE reforçou o papel da EUROPOL, permitindo ao Conselho dotar este organismo de competências de carácter operacional, com as quais deixará de ser uma instância de mero tratamento e intercâmbio de informações[14]. Visando dar cumprimento

---

[12] De acordo com o primeiro protocolo de alteração da Convenção Europol, adoptado pelo Conselho em 2000, mas ainda não ratificado pelos Estados Membros, as competências da EUROPOL passarão a abranger o crime de branqueamento de capitais, independentemente da infracção que esteja na sua origem.

[13] Em Portugal a Unidade Nacional Europol funciona no Departamento Central de Cooperação Internacional da Polícia Judiciária.

[14] De acordo com esta disposição, o Conselho foi incumbido de promover a cooperação policial através da Europol e dotá-la, no prazo de 5 anos a contar da entrada em vigor do Tratado de Amesterdão (até 1 de Maio de 2004), de competências para apoiar a preparação, coordenação e execução de acções específicas de investigação efectuadas pelas autoridades competentes dos Estados Membros, incluindo acções operacionais de equipas conjuntas

A Segurança Interna no Espaço Europeu

ao mandato do legislador de Amesterdão, o Conselho adoptou, em 28 de Novembro de 2002, um Protocolo que altera a Convenção Europol[15] no sentido de conferir à EUROPOL competência para apoiar equipas de investigação conjuntas[16] que investiguem infracções penais do âmbito de competência da EUROPOL, através da integração dos seus agentes nas mesmas com meras funções de apoio[17]. A direcção destas equipas pertence sempre às autoridades nacionais e a participação dos agentes da EUROPOL será sempre regulada caso a caso através de um acordo celebrado entre o Director da EUROPOL e os Estados Membros que constituem a equipa. O Protocolo prevê ainda a possibilidade de a EUROPOL apresentar pedidos aos Estados Membros para que estes iniciem, conduzam ou coordenem investigações em casos específicos. Embora estas novas competências sejam importantes para conferir à EUROPOL um cunho mais operacional, não fazem ainda dela um verdadeiro serviço policial com poderes de coerção e de iniciativa autónoma de investigação criminal.

Em 27 de Novembro de 2003, o Conselho adoptou um protocolo de alteração da Convenção Europol que, quando entrar em vigor, introduzirá significativas alterações ao modo de funcionamento deste organismo de cooperação policial. Em especial, destacam-se as seguintes novidades: a competência do Conselho para fixar prioridades no domínio do combate à criminalidade; a possibilidade de os Estados Membros autorizarem contactos directos entre os serviços policiais e a EUROPOL, com a qual as unidades nacionais deixarão de ser o elo exclusivo de ligação dos serviços policiais à EUROPOL; as unidades nacionais, os agentes de ligação e os funcionários da EUROPOL

---

com o apoio de funcionários da Europol. No mesmo prazo o Conselho deveria adoptar medidas que permitissem à Europol solicitar às autoridades competentes dos Estados Membros investigações em casos concretos, bem como desenvolver conhecimentos especializados que serão postos à disposição dos Estados Membros para os auxiliar na investigação de casos de criminalidade organizada.

[15] Para entrar em vigor é necessário que todos os Estados Membros ratifiquem este Protocolo.

[16] O funcionamento destas equipas é objecto do artigo 13.º da Convenção relativa ao auxílio judiciário mútuo, de 29 de Maio de 2000, e da Decisão-quadro n.º 2002/465/JAI, de 13 de Junho de 2002.

[17] Embora os agentes da EUROPOL possam participar em todas as actividades da equipa de investigação conjunta e trocar informações com os seus membros, é-lhes expressamente vedado participar na adopção de medidas coercitivas (Artigo 3.º-A).

112   *I Colóquio de Segurança Interna*

passarão a ter o direito de consultar dados (antes condicionado) e os Estados Membros poderão autorizar o acesso (restrito) dos serviços policiais ao sistema de informações da EUROPOL.

No domínio da cooperação judiciária em matéria penal a União Europeia está também dotada de um organismo específico com personalidade jurídica: a EUROJUST[18]. Criada por Decisão do Conselho, de 28 de Fevereiro de 2002, a EUROJUST tem como principais missões incentivar e contribuir para uma melhor coordenação das autoridades nacionais encarregadas da perseguição criminal, facilitar a prestação de auxílio judiciário mútuo e a execução de pedidos de extradição, bem como reforçar a eficácia das investigações e procedimentos penais das autoridades competentes dos Estados Membros, prestando-lhes apoio. O seu âmbito de actuação abrange investigações e procedimentos penais relativos a formas graves de criminalidade que impliquem pelo menos dois Estados Membros, exercendo as suas funções por intermédio dos membros nacionais[19] ou através do Colégio, composto por todos os membros nacionais. No âmbito das suas funções os membros nacionais ou o Colégio podem, por exemplo, solicitar aos Estados Membros que iniciem investigações em casos concretos ou criem equipas de investigação conjuntas. A EUROJUST deve assegurar também a informação recíproca das autoridades dos Estados Membros e, a pedido destes, assegurar a sua coordenação.

3. Algumas medidas adoptadas no domínio do Terceiro Pilar

O conjunto de medidas já adoptadas pelo Conselho no âmbito do Terceiro Pilar é extenso, pelo que dada a escassez de espaço apenas poderei salientar algumas.

---

[18] Nos termos do art. 31.º do TUE, na redacção que lhe foi dada pelo Tratado de Nice, cabe ao Conselho promover a cooperação através da EUROJUST, permitindo-lhe facilitar a coordenação das autoridades judiciárias nacionais, favorecendo o seu contributo para as investigações relativas a formas graves de criminalidade transnacional e promovendo a sua cooperação com a Rede Judiciária Europeia, a fim de facilitar a execução de cartas rogatórias e pedidos de extradição.

[19] De acordo com o disposto no artigo 3.º da Lei n.º 36/2003, de 22 de Agosto, o membro português da EUROJUST é um procurador-geral adjunto, nomeado pelos Ministros dos Negócios Estrangeiros e da Justiça.

No domínio da formação, gostaria de salientar a criação, por Decisão do Conselho de 22 de Dezembro de 2000, da Academia Europeia de Polícia, que agrupa os Institutos nacionais de formação de altos funcionários dos serviços de polícia nacionais, entre os quais aquele em que nos encontramos. Os objectivos desta estrutura são, entre outros, estabelecer uma cooperação mais estreita entre os seus membros e organizar acções de formação e divulgação, que permitam aos agentes de polícia aprofundar os seus conhecimentos relativos aos sistemas nacionais de polícia dos outros Estados Membros, adquirir conhecimentos linguísticos, bem como conhecimentos específicos no domínio da criminalidade transnacional.

Num domínio mais operacional é relevante o desenvolvimento da segunda geração do Sistema de Informação Schengen – o SIS II – para que possa tecnicamente abranger os novos Estados Membros e seja alargado, não só o círculo de utilizadores, mas também as categorias de dados disponíveis.

Outra medida relevante adoptada pelo Conselho em 2000, é a Convenção relativa ao auxílio judiciário mútuo[20], que introduz dois princípios fundamentais para incrementar a celeridade e eficácia da cooperação judiciária: a comunicação directa entre as autoridades judiciárias e a execução de cartas rogatórias de acordo com os procedimentos do Estado requerente, salvo se tal contrariar os princípios gerais do Estado requerido. Esta Convenção regula muitos aspectos práticos da cooperação judiciária, como por exemplo, o envio e notificação de peças processuais de um Estado Membro para outro, a transmissão directa dos pedidos de auxílio judiciário entre as autoridades nacionais, a audição de testemunhas e peritos em outro Estado Membro através de videoconferência ou telefone, a realização de investigações encobertas no território de outro Estado Membro ou a possibilidade de as autoridades de um Estado Membro pedirem às de outro a intercepção de comunicações. De salientar ainda a possibilidade de serem criadas pelos Estados Membros equipas de investigação

---

[20] Embora esta Convenção ainda não tenha entrado em vigor em todo o espaço da União Europeia já foi objecto de uma alteração em 2001, com o objectivo de permitir às autoridades nacionais a obtenção de informações sobre a titularidade de contas bancárias e transacções bancárias noutros Estados Membros.

conjunta para efectuar investigações criminais complexas que afectem mais do que um Estado Membro[21].

No âmbito da cooperação judiciária em matéria penal cumpre destacar ainda a Decisão-Quadro relativa ao mandado de captura europeu, adoptada em 13 de Junho de 2002, que pretende substituir entre os Estados Membros o procedimento da extradição e concretizar neste domínio o princípio do reconhecimento mútuo das decisões judiciais. O mandado de captura europeu é uma decisão judiciária emitida por um Estado Membro com vista à detenção e entrega por outro Estado Membro de uma pessoa procurada para efeitos de procedimento penal ou de cumprimento de uma pena privativa de liberdade. Assim, sempre que a autoridade judiciária de um Estado Membro emite um mandado de captura europeu a sua decisão deve ser executada em todo o território da União Europeia sem que haja lugar a um processo de extradição, a qualquer forma de revisão e confirmação da decisão ou a um controlo de dupla incriminação. Só em casos excepcionais é que a autoridade judiciária do Estado Membro requerido pode recusar a execução do mandado de captura, como por exemplo quando a pessoa procurada já foi definitivamente julgada e cumpriu pena no Estado Membro de execução.

Por fim, e no domínio da harmonização do Direito Penal, o Conselho já adoptou uma série de Decisões-Quadro que definem os elementos constitutivos de certos tipos de crimes – como o terrorismo, o tráfico de seres humanos, o branqueamento de capitais, os crimes contra o ambiente – e impõem aos Estados Membros a obrigação de adoptarem sanções penais efectivas.

4. As deficiências do Terceiro Pilar

Apesar do fervor legislativo da União Europeia, persistem deficiências ao nível da legitimidade e eficácia do enquadramento jurídico que limitam a sua capacidade de acção.

Ao nível da eficácia é insatisfatória a complexidade do regime jurídico do "espaço de liberdade, segurança e justiça" (repartição por

---

[21] As equipas de investigação conjuntas são igualmente objecto de uma Decisão-Quadro do Conselho, adoptada em 13 de Junho de 2002.

A Segurança Interna no Espaço Europeu 115

dois Tratados, tratamento transpilar de certas matérias, diferente procedimento de adopção de direito derivado, desvinculação de certos Estados Membros, etc.). A pluralidade de quadros normativos para o desenvolvimento de uma acção da União Europeia nos domínios da segurança interna é uma fonte de incerteza jurídica, de conflitos de competências, de falta de transparência e de incoerência.

Por outro lado, a regra da unanimidade que domina o procedimento de decisão conduz não só a um processo de decisão moroso, mas também a compromissos baseados no mínimo denominador comum, em prejuízo de uma verdadeira abordagem comum que exprima claramente as opções políticas da União Europeia.

Por fim, uma acção integrada e eficaz contra criminalidade internacional exige uma intervenção normativa da União Europeia que garanta a aplicação uniforme e eficaz do Direito da União. Mas os instrumentos normativos do Terceiro Pilar não têm a potencialidade de criar direito que seja directamente aplicável na ordem jurídica nacional, pelo que se têm revelado pouco eficazes e de difícil implementação. As Convenções elaboradas pelo Conselho tardam sempre a entrar em vigor, muito por falta de vontade política dos Estados em procederem à sua ratificação[22]. As decisões-quadro não têm efeito directo, necessitando sempre de uma intervenção legislativa dos Estados Membros para poderem ser efectivamente aplicadas. A isto acresce a inexistência no âmbito do Terceiro Pilar de um mecanismo jurídico eficaz – uma acção de incumprimento – para sancionar o incumprimento das obrigações que incumbem aos Estados Membros, o que constitui um factor de fragilidade da coercibilidade do direito derivado adoptado pela União Europeia nestes domínios. A eficácia da acção da União Europeia e a sua implementação no terreno está, pois, fortemente dependente da vontade política de todos e de cada um dos Estados Membros de lhe dar conteúdo concreto, adoptando o dispositivo normativo indispensável à realização dos seus objectivos.

As limitações ainda existentes aos poderes do Parlamento Europeu e à competência do Tribunal de Justiça nestes domínios de forte

---

[22] Veja-se por exemplo a Convenção sobre o Auxílio Judiciário Mútuo. Adoptada pelo Conselho em 29 de Maio de 2000, que convidou os Estados Membros a iniciarem o procedimento de ratificação antes de 1 de Janeiro de 2001, esta Convenção ainda não foi ratificada por todos os Estados Membros.

116 I Colóquio de Segurança Interna

potencial de interferência nas liberdades individuais imprimem à acção da União Europeia um défice de legitimidade, pouco compatível com os "princípios da liberdade, da democracia, do respeito pelos direitos do Homem e pelas liberdades fundamentais, bem como do Estado de direito" em que, de acordo com o artigo 6.º, n.º 1 do TUE, a União Europeia deve assentar.

5. O futuro do Terceiro Pilar

5.1 O Tratado que estabelece uma Constituição Europeia

Estas e outras dificuldades da realização do "espaço de liberdade, segurança e justiça" foram tidas em consideração pelo Tratado que estabelece uma Constituição Europeia, assinado em Roma a 29 de Outubro de 2004[23]. Com efeito, este Tratado abre novas perspectivas ao desenvolvimento e funcionamento de uma União Europeia alargada, hoje, a 25 Estados Membros, e amanhã a 27.

Positiva, em primeiro lugar, é a simplificação dos instrumentos normativos, que acaba com a complexa estrutura de pilares, através da fusão dos Tratados num único Tratado, da criação de uma única entidade com personalidade jurídica – a União Europeia[24] – e de uma única tipologia de actos jurídicos vinculativos de Direito da União[25]. Assim, as disposições relativas à cooperação policial e judiciária em matéria penal passarão a estar integradas num quadro jurídico e institucional único sobre o espaço de liberdade, segurança e justiça, regulado no capítulo IV da Parte III do Tratado[26].

---

[23] Publicado no Jornal Oficial das Comunidades Europeias, n.º C 310, de 16 de Dezembro de 2004.

[24] Ver artigos I-1.º e I-7.º do Tratado que estabelece a Constituição Europeia

[25] A lei europeia (acto legislativo que corresponde ao actual regulamento comunitário), a lei-quadro europeia (acto legislativo que corresponde à actual directiva comunitária), o regulamento europeu (acto não legislativo de carácter geral destinado a dar execução aos actos legislativos e a certas disposições da Constituição) e a decisão europeia (acto não legislativo que corresponde à actual decisão comunitária). Ver artigo I-33.º do Tratado que estabelece a Constituição Europeia.

[26] O capítulo IV da Parte III dedicado à política da União relativa ao espaço de liberdade, segurança e justiça está dividido em cinco secções: Secção 1 – Disposições gerais

A Segurança Interna no Espaço Europeu   117

Positiva, em segundo lugar, é a introdução de uma delimitação mais transparente das competências da União e dos Estados Membros, a serem exercidas não só com respeito pelo princípio da cooperação leal, mas também pelos princípios da subsidiariedade e do respeito pela identidade nacional.

O processo legislativo ordinário (adopção conjunta pelo Parlamento Europeu e pelo Conselho [27]) assente na regra da maioria qualificada [28], bem como a competência reforçada da União para a adopção de legislação vinculativa nos domínios da Justiça e Assuntos Internos [29] são outros aspectos positivos que contribuirão para que a União possa dar uma resposta mais eficaz a problemas de natureza transnacional, como o terrorismo ou a criminalidade organizada. A generalização do procedimento de co-decisão com o Parlamento Europeu e a maior participação dos parlamentos nacionais no procedimento legislativo, na avaliação e no controlo da actuação dos Estados Membros e da União Europeia nos domínios da cooperação policial e judiciária em matéria penal [30], poderão representar um passo decisivo para a redução do défice democrático que tanto tem caracterizado a acção da União nestes domínios.

Perante as actuais dificuldades de implementação do Direito da União nestes domínios e a resistência dos Estados Membros em cumprirem as obrigações que assumem, em especial de ratificarem as convenções e transporem as decisões-quadro, é positiva a submissão dos Estados Membros a uma acção de incumprimento a instaurar junto do Tribunal de Justiça e a uma eventual condenação a sanções

---

(artigos III-257 a III-264); Secção 2 – Políticas relativas ao controlo de fronteiras, asilo e imigração (artigos III-265 a III-268); Secção 3 – Cooperação judiciária em matéria civil (artigo III-269); Secção 4 – Cooperação judiciária em matéria penal (artigos III-270 a III-274); Secção 5 – Cooperação policial (artigos III-275 a III-277).

[27] Embora nos domínios da cooperação policial e judiciária em matéria penal este procedimento de adopção de actos legislativos sofra uma modulação de carácter intergovernamental, uma vez que podem ser adoptados por iniciativa de um quarto dos Estados Membros, não tendo a Comissão o monopólio da proposta, típico do método comunitário (artigo III-264.º do Tratado que estabelece a Constituição Europeia).

[28] Artigo I-22.º e Artigo III-396.º do Tratado que estabelece a Constituição Europeia.

[29] Por exemplo em matéria de harmonização do Direito Penal, substantivo e processual, necessária à realização do princípio do reconhecimento mútuo das sentenças e decisões judiciais. Ver artigos III-171 e III-172 da Constituição Europeia.

[30] Artigos I-42.º, n.º 2 e III-260.º do Tratado que estabelece a Constituição Europeia.

pecuniárias, sem prejuízo da promoção de mecanismos de avaliação mútua do cumprimento destas obrigações[31].

Como a cooperação não pode prescindir de uma dimensão operacional, é de salientar a criação junto do Conselho de um Comité Permanente para a promoção e reforço da cooperação operacional entre os Estados Membros nos domínios da segurança interna[32]. Por outro lado, o artigo III-263.º do Tratado que estabelece a Constituição Europeia prevê a competência do Conselho para adoptar regulamentos europeus destinados a assegurar a cooperação administrativa entre os serviços competentes dos Estados Membros nos domínios do Espaço de Liberdade, Segurança e Justiça.

No âmbito da cooperação judiciária em matéria penal, além da competência legislativa reforçada para a harmonização do Direito Penal e Processual Penal, destaca-se o reforço do papel da EUROJUST, na sua qualidade de organismo de apoio e reforço desta cooperação ao nível da União Europeia. Com efeito, o artigo III-273.º do Tratado que estabelece uma Constituição Europeia permite a atribuição à EUROJUST de competência para a abertura de investigações criminais e proposta de instauração de acções penais, que serão conduzidas pelas autoridades nacionais competentes. Por outro lado, tendo em vista o combate às infracções lesivas dos interesses financeiros da União, o artigo III-274.º permite ao Conselho, mediante deliberação unânime e após aprovação do Parlamento Europeu, instituir uma Procuradoria Europeia com competência para investigar, processar judicialmente e levar a julgamento os autores e cúmplices daquele tipo de crimes. O Conselho poderá, por unanimidade e após aprovação do Parlamento Europeu e consulta à Comissão, decidir ainda a extensão destas atribuições da Procuradoria Europeia a outras formas de criminalidade grave de dimensão transnacional, que afectem vários Estados Membros.

No domínio da cooperação policial é de destacar o reforço do carácter operacional da EUROPOL, designadamente a possibilidade de adopção de uma lei europeia que atribua a este organismo competência para coordenar, organizar e realizar investigações e acções operacionais, conduzidas em conjunto com as autoridades nacionais

---

[31] Artigos III-360.º a III-362.º do Tratado que estabelece a Constituição Europeia.
[32] Artigo III-261.º do Tratado que estabelece a Constituição Europeia.

A Segurança Interna no Espaço Europeu   119

ou no âmbito de uma equipa de investigação conjunta. Em qualquer caso a EUROPOL não será ainda uma verdadeira polícia europeia, na medida em que lhe está expressamente vedada a aplicação de medidas coercivas, que são da exclusiva responsabilidade das autoridades nacionais[33].

Positiva, em último lugar, é a subordinação do objectivo da realização do Espaço de Liberdade, Segurança e Justiça à observância dos direitos fundamentais, reforçada pela integração da Carta dos Direitos Fundamentais da União Europeia no Tratado, que deve ser respeitada pelas Instituições e pelos Estados-Membros quando aplicam o Direito da União.

5.2 O Programa de Haia

Dando seguimento às Conclusões do Conselho Europeu de Tampere, que em 1999 estabeleceu a estratégia de concretização do Espaço de Liberdade, Segurança e Justiça, definindo as prioridades políticas e principais medidas, o Conselho Europeu, de 4 e 5 de Novembro de 2004, adoptou o «Programa de Haia"[34]. Trata-se de um Programa que, tendo já no horizonte a entrada em vigor do Tratado que estabelece a Constituição Europeia, estabelece as orientações gerais e específicas que presidirão, nos próximos 5 anos, à acção da União Europeia em todos os domínios do Espaço de Liberdade, Segurança e Justiça. Dada a sua extensão e a economia do presente texto, apenas saliento aqueles aspectos que me parecem mais relevantes no domínio da cooperação policial e judiciária em matéria penal.

No âmbito do combate à criminalidade organizada transnacional e ao terrorismo, o Programa de Haia começa por evidenciar a necessidade de reforçar a eficácia da União, com respeito dos direitos fundamentais do cidadão. Em especial o Conselho Europeu realça a importância da criação de *"instrumentos jurídicos europeus adequados e o reforço da cooperação prática e operacional entre as agências nacionais relevantes, bem como a implementação atempada das medidas aprovadas."*[35]

---

[33] Artigo III-276.º do Tratado que estabelece a Constituição Europeia.

[34] Publicado em anexo às Conclusões da Presidência – Bruxelas, 4 e 5 de Novembro de 2004, documento n.º 14292/04 5, CONCL 3.

[35] Conclusões do Conselho Europeu de Bruxelas, de 4 e 5 de Novembro de 2004, ponto 16.

120   *I Colóquio de Segurança Interna*

Uma nova abordagem do intercâmbio de informações, que a partir de 1 de Janeiro de 2008 deverá obedecer ao princípio da disponibilidade[36], é considerada essencial ao reforço da liberdade, da segurança e da justiça. Por outro lado, no domínio da prevenção e combate do terrorismo é realçada a necessidade de os Estados Membros concentrarem a sua actividade, em especial dos serviços de informações e de segurança, mais na segurança da União como um todo, do que na sua própria segurança interna[37].

No que à cooperação policial diz especialmente respeito, o ponto 2.3 do Programa de Haia salienta a necessidade de um combate mais eficaz à criminalidade transnacional e ao terrorismo, o qual exige a intensificação da cooperação prática entre as autoridades policiais e aduaneiras dos Estados Membros e com a EUROPOL, bem como uma melhor utilização dos instrumentos existentes neste domínio. Em especial, os Estados Membros deverão permitir à EUROPOL desempenhar um papel fundamental na luta contra formas de criminalidade grave, mediante a adopção das seguintes medidas: ratificação e implementação efectiva dos instrumentos jurídicos necessários até ao final de 2004[38]; a prestação atempada à EUROPOL de todas as informações de grande qualidade; e o incentivo à boa cooperação entre as autoridades nacionais competentes e a EUROPOL.

No que à EUROPOL diz ainda respeito, o Programa de Haia prevê uma série de medidas, das quais se destacam as seguintes: A sua designação como órgão central da União em matéria de falsificação do euro na acepção da Convenção de Genebra de 1929; A adopção pelo Conselho da lei europeia sobre a EUROPOL, prevista no artigo III-276.º do Tratado que estabelece a Constituição Europeia, logo que possível após a sua entrada em vigor e o mais tardar em 1 de Janeiro de 2008, tendo em conta todas as tarefas cometidas à EUROPOL; O aperfeiçoamento do seu funcionamento; a

---

[36] Que impõe a obrigatoriedade dos serviços de um Estado Membro disponibilizarem aos de outro todas as informações de que disponham e que sejam necessárias ao desempenho das funções destes últimos (ponto 2.1 do Plano de Haia).

[37] Ponto 2.2 do Programa de Haia.

[38] Em especial os Protocolos que alteram a Convenção Europol, a Convenção, de 29 de Maio de 2000, relativa ao Auxílio Judiciário Mútuo em Matéria Penal e respectivo Protocolo, de 16 de Outubro de 2001, bem como a Decisão-Quadro 2002/465/JAI, de 13 de Junho de 2002, relativa às equipas de investigação conjuntas.

promoção de equipas de investigação conjuntas dos Estados Membros e a sua participação nessas equipas; A criação do sistema de informação da EUROPOL, que deverá entrar em funcionamento o mais rapidamente possível.

O Plano de Haia, reconhecendo que nas zonas fronteiriças específicas a única forma de lidar com o crime e as ameaças à segurança pública e à segurança nacional é o estabelecimento de uma cooperação mais estreita e de uma melhor coordenação, incentiva os Estados Membros a criarem equipas de investigação conjuntas com o apoio da EUROPOL e da EUROJUST, sempre que necessário.

O reforço da cooperação policial, numa União alargada, exige uma atenção centrada na construção da confiança mútua, que pressupõe um esforço explícito para melhorar a compreensão do modo de funcionamento dos sistemas e ordenamentos jurídicos dos Estados Membros. Sublinhando a importância da formação, o Programa de Haia prevê, até finais de 2005, o desenvolvimento, em cooperação com a Academia Europeia de Polícia, de acções de formação destinadas aos agentes de polícia nacionais no que respeita aos aspectos práticos da cooperação policial na União, bem como de programas de intercâmbio sistemático destinados às autoridades policiais, com o objectivo de promover uma melhor compreensão do funcionamento dos sistemas e ordenamentos jurídicos dos Estados-Membros.

Depois de tratar da gestão de crises na União Europeia com repercussões transfronteiras, que exige o reforço das actuais estruturas de protecção civil e a criação de mecanismos coordenados e integrados ao nível da União Europeia (2.4), o Programa de Haia enuncia algumas medidas no domínio da cooperação policial operacional (2.5). Em especial destaca a necessidade de ser assegurada a coordenação das actividades operacionais dos serviços nacionais, assim como o controlo da implementação das prioridades estratégicas definidas pelo Conselho. Para o efeito, o Conselho é solicitado a preparar a criação do Comité de Segurança Interna previsto no artigo III-261.º do Tratado que estabelece a Constituição Europeia.

No âmbito da prevenção da criminalidade (2.6), considerada uma componente essencial do espaço de liberdade, segurança e justiça, o Plano de Haia prevê o reforço e profissionalização da Rede Europeia de Prevenção da Criminalidade.

A terceira parte do Programa de Haia, dedicada ao reforço da Justiça, destaca o papel fundamental do Espaço Europeu de Justiça na criação da "Europa dos Cidadãos". Em especial preconiza a intensificação da cooperação judiciária através do reforço da confiança mútua e do desenvolvimento progressivo de uma cultura judiciária europeia. No domínio específico da cooperação judiciária em matéria penal (3.3) o Programa de Haia realça a importância do princípio do reconhecimento mútuo das decisões judiciais, cuja implementação implica uma harmonização do Direito Penal substantivo e processual. Neste contexto o Programa prevê a adopção, até ao final de 2005, de uma decisão-quadro relativa aos direitos processuais no âmbito dos processos penais, bem como de uma decisão-quadro relativa ao Mandado Europeu de Obtenção de Provas. Por outro lado, o Programa prevê o reforço da cooperação e da coordenação das investigações, bem como a centralização, sempre que possível, dos processos penais na EUROJUST.

Por fim, o papel da EUROJUST na luta contra formas de criminalidade grave deverá ser reforçado. Por um lado, os Estados Membros deverão permitir à EUROJUST desempenhar as suas funções, mediante a implementação efectiva da Decisão do Conselho que cria este organismo e garantindo a plena cooperação entre as autoridades nacionais competentes e a EUROJUST. Por outro lado, o Conselho deverá adoptar a lei europeia sobre a EUROJUST, prevista no artigo III-273.º do Tratado que estabelece a Constituição Europeia, logo que possível após a sua entrada em vigor e o mais tardar em 1 de Janeiro de 2008, tendo em conta todas as tarefas cometidas à EUROJUST. Até lá a EUROJUST deverá aperfeiçoar o seu funcionamento, centrando-se na coordenação de processos multilaterais, graves e complexos.

Só resta esperar que o Tratado que estabelece a Constituição Europeia entre em vigor e o Programa de Haia seja cumprido para que seja possível, em todo o espaço da União, um reforço da liberdade, da segurança e da justiça.

AS "NOVAS" AMEAÇAS COMO INSTRUMENTO DE MUTAÇÃO DO CONCEITO "SEGURANÇA"

LUÍS FIÃES FERNANDES*
(luis.ffernandes@clix.pt)

Introdução

Faz este ano quinze anos que o muro de Berlim foi derrubado. Quinze anos que mudaram o mundo e que obrigam à sua análise segundo um novo quadro referencial, caracterizado pela globalização, pelo transnacionalismo, pela interdependência dos Estados e pela *desterritorialização* das questões de segurança. Um quadro referencial que, segundo algumas correntes de opinião, coloca em crise o sistema Vestefaliano de 1648 que consagrou o Estado como supremo actor internacional.

Na sociedade global actual o Estado enfrenta um conjunto de ameaças diversas, consequência de um ambiente marcadamente afectado pelos desenvolvimentos políticos, económicos, sociais e tecnológicos. Um ambiente em que os riscos[1] existentes têm o potencial de

---

* Mestre em Estratégia, Docente do Instituto Superior de Ciências Policiais e Segurança Interna.

[1] Dois autores têm-se destacado no estudo do risco: Ulrich Beck e Mary Douglas. O conceito *"world risk society"* de Beck descreve a separação, fruto dos efeitos da aceleração da modernização, entre o "mundo" dos risco quantificáveis, no qual pensamos e agimos, e o "mundo" das inseguranças não quantificáveis que estamos a criar. Na opinião de Beck, as decisões do passado sobre a energia nuclear e as decisões actuais sobre a engenharia genética poderão ter consequências imprevisíveis, incontroláveis e incomunicáveis que, em última análise, colocarão em perigo a vida na terra. Mary Douglas coloca em questão o cenário catastrófico de Beck, defendendo que as representações colectivas do risco desempenham uma importante função de integração e de manutenção da solidariedade social. Douglas dá ênfase à relatividade cultural da percepção do perigo e à função que a mesma desempenhou ao longo da história como fonte de legitimação moral e instrumento de manutenção da solidariedade grupal.

desarticular as infra-estruturas que suportam a nossa sociedade. Esta realidade demonstra que a segurança hoje, mais que nunca, se encontra no centro das preocupações do homem. O pós 11 de Setembro reforçou ainda mais esta preocupação, fruto da tomada de consciência de que o mundo em que vivemos é imprevisível e que as nossas sociedades são extremamente vulneráveis a "novas" e "velhas" ameaças.

A preocupação relativamente às questões de segurança é demonstrada pelos resultados de alguns inquéritos. Num dos inquéritos, quando foi perguntado aos cidadãos da União Europeia (consideradas apenas as respostas referentes aos 15 Estados-membros) se tinham receio de dez potenciais ameaças à sua segurança física[2], o resultado das suas respostas foi o seguinte:

	terrorismo internacional	82 %
	Crime organizado	76 %
	Proliferação de armas de destruição maciça	72 %
	Um acidente numa central nuclear	71 %
Ameaças	Conflitos étnicos na Europa	60 %
	Lançamento acidental de um míssil nuclear	58 %
	Uma guerra mundial	57 %
	Epidemias	53 %
	Um conflito nuclear na Europa	52 %
	Uma guerra convencional na Europa	49 %

Tabela 1 – Ameaças à segurança física dos cidadãos da União Europeia

Como se pode observar pela tabela anterior, 82% dos inquiridos apontou o terrorismo internacional como a principal ameaça, seguida pelo crime organizado, com 72% das respostas. Quanto a Portugal, verifica-se que 80% dos inquiridos afirmam ter receio das dez ameaças, valor que ultrapassa todos os restantes 15 Estados-membros, e que é superior aos 63% de média europeia. Das ameaças que mais preocupam os portugueses, destacam-se o crime organizado (86%) e o terrorismo internacional (85%), com valores idênticos aos restantes

---

[2] EUROPEAN COMMISSION, *EURBAROMETER 58*, Directorate-General Press and Communication, Brussels (Fieldwork: Oct. – Nov. 2002, Release: March 2003), p. 19.

As Novas Ameaças como Instrumentos de Mutação...   125

Estados-membros[3]. As duas potenciais ameaças que menos preocupam os portugueses são uma guerra convencional e um conflito nuclear na Europa.

Quando se questionam os portugueses quanto às futuras acções prioritárias que a União Europeia deve empreender, a preocupação com a segurança está patente nas respostas. Dos inquiridos, 95% consideram a luta contra o terrorismo como prioritária, a par da luta contra o desemprego. A luta contra o crime organizado e o tráfico de droga, a par da manutenção da paz e da segurança na Europa aparecem logo a seguir, ambas com 94%[4]. O inquérito indica que os portugueses encontram-se entre os cidadãos da União Europeia mais receosos quanto à sua segurança física e económica.

Os resultados do inquérito *Transatlantic Trends 2004*[5] confirmam os dados anteriores. Neste inquérito, quando se questionou os portugueses sobre a importância de cada uma das ameaças (constantes de uma lista de possíveis ameaças) para a Europa nos próximos 10 anos, os resultados foram os seguintes:

	Grau de importância			
Ameaça	Ameaça extremamente importante (%)		Ameaça importante (%)	
Anos	2003	2004	2003	2004
Fundamentalismo Islâmico	39	43	36	29
Grande número de imigrantes e refugiados a entrar na Europa	39	31	40	41
Terrorismo internacional	68	66	21	20
Conflitos militares entre Israel e os vizinhos árabes	28	34	35	34
Propagação global de uma doença como a SIDA	-	52	-	42
Uma crise económica de grande envergadura	-	65	-	22
Um ataque terrorista a Portugal utilizando armas de destruição maciça	-	68	-	14

Tabela 2 – Ameaças potenciais à Europa nos próximos dez anos

---

[3] CABRAL, Manuel Villaverde, *et al.*, *EUROBARÓMETRO NO. 58.1/2002. A União Europeia, o alargamento e o futuro da Europa*, Janeiro de 2003 (estudo realizado pelo ICSUL, coordenado por Manuel Villaverde Cabral, para a Representação da Comissão Europeia em Portugal), pp. 26 – 27.

[4] *Idem, Ibidem.*

[5] Inquérito realizado na Europa (França, Alemanha, Reino Unido, Itália, Holanda, Polónia, Portugal, Espanha, Eslováquia, Turquia) e nos EUA pelo *German Marshall Fund*

Segundo a tabela anterior, "a propagação global de uma doença como a SIDA" é considerada por 94% dos entrevistados como uma "ameaça importante" ou "extremamente importante", seguindo-se o "terrorismo internacional" (86%) e "um ataque terrorista a Portugal utilizando armas de destruição maciça" com 82% dos entrevistados a considerarem a sua possibilidade como uma "ameaça importante" ou "extremamente importante".

A sondagem *Voice of the people*[6], apresentada em Janeiro de 2004 e realizada pela *Gallup International* para o *World Economic Forum*, indica que a segurança é uma clara preocupação dos portugueses, mais do que para os restantes cidadãos dos países da Europa ocidental. Quando colocados perante a pergunta: *"pensa que o seu país, em comparação com há dez anos atrás, é mais, menos ou igualmente seguro?"*, 58% dos entrevistados, na Europa Ocidental, responderam que o seu país estava menos seguro, e apenas 17% responderam que estava mais seguro. Comparativamente, 77% dos entrevistados portugueses responderam que é menos seguro. Só os Holandeses revelaram ser mais pessimistas que os portugueses, com 85% a responder que o seu país é menos seguro. Em termos globais, 57% dos entrevistados afirmou que o seu país é menos seguro, projectando tal pessimismo para o futuro, pois quando questionados sobre se *"a próxima geração irá viver num mundo mais ou menos seguro"*, 48% dos entrevistados pensa que o mundo será menos seguro, contra apenas 25% que acha que o mundo será mais seguro. A Europa Ocidental destaca-se, mais uma vez, pelo seu pessimismo, com 64% dos entrevistados a pensar que a próxima geração irá viver num mundo menos seguro, e apenas 15% a pensar que será mais seguro.

---

dos Estados Unidos e pela *Compagnia di San Paolo*, Itália, tendo contado com o apoio da *Fundação Luso-Americana para o Desenvolvimento*, da *Fundación BBVA* e do *Institute for Public Policy Affairs*. Este inquérito destina-se a compreender as atitudes dos americanos e europeus relativamente a um conjunto de questões, como as ameaças, as relações transatlânticas e as questões de política externa. Este Inquérito foi realizado pela *EOS Gallup Europe*, tendo as entrevistas sido realizadas entre 6 e 24 de Julho de 2004.

[6] Esta sondagem aborda aspectos relativos à prosperidade e segurança e teve por base 43000 entrevistas, realizadas num conjunto de 51 países, conduzidas entre Novembro e Dezembro de 2003.

Na União Europeia, os dados mais recentes, de Julho de 2004[7], indicam que os europeus, quando questionados para indicarem (a partir de uma lista) os dois principais problemas que o seu país enfrenta, colocam os problemas económicos acima das questões de segurança. No conjunto das respostas destaca-se o desemprego (44%), em primeiro lugar, e o crime (26%). O problema do terrorismo (15%) apenas aparece em sexto lugar.

Como se pode concluir pelos resultados dos vários inquéritos, a "segurança" constitui um elemento central nas preocupações das sociedades, revelando os mesmos que o terrorismo, a criminalidade, o desemprego e o baixo desempenho económico são fontes geradoras de insegurança em todo o mundo. Os resultados demonstram também que a "segurança" não escapa à complexa rede de transformações e perturbações que caracterizam a vida das sociedades e do sistema internacional actual.

A ameaça

A ameaça é definida no *Grande Dicionário Electrónico da Língua Portuguesa* como *"Promessa de castigo ou malefício, prenúncio de mal ou desgraça"*[8]. Uma definição mais restrita define-a como *"qualquer acontecimento ou acção (em curso ou previsível) que contraria a consecução de um objectivo e que, normalmente, é causador de danos, materiais ou morais."*[9] A ameaça pode ainda ser definida como uma força ou acontecimento que pode degradar o potencial existente ou alterar um determinado *status quo*.

A "ameaça" existe num determinado quadro situacional[10], quando se estabelece uma relação de, pelo menos, dois adversários,

---

[7] EUROPEAN COMMISSION, *EUROBAROMETER SPRING 2004. Joint full report of Eurobarometer 61 and CC Eurobarometer 2004.1* Directorate-General Press and Communication, Brussels (Fieldwork: February-March 2004, Publication: July 2004).

[8] FIGUEIREDO, Cândido de, Grande Dicionário Electrónico da Língua Portuguesa, Máquinas em movimento e Bertrand, 1996.

[9] COUTO, Abel Cabral, Elementos de Estratégia, Apontamentos para um Curso, vol I, Instituto de Altos Estudos Militares, Lisboa, 1988, p. 329.

[10] *Idem, ibidem.*

e em que, pelo menos, um tem a intenção de alterar o *status quo* a seu favor, dispondo de poder para aplicar alguma forma de coacção sobre "o outro"[11]. Esta forma de conceber a ameaça começa a ser posta em causa por um número cada vez maior de autores que defendem que a "ameaça" não existe apenas numa situação de confronto dialéctico de vontades, mas que certas condições estruturais também podem ser percepcionadas como ameaças. Neste sentido, certos acidentes tecnológicos e cataclismos naturais resultantes de problemas estruturais são percepcionados como ameaças.

No campo conceptual, a ameaça apresenta-se numa dupla vertente: objectiva e subjectiva, podendo ser real ou situar-se meramente no campo da percepção. Na vertente subjectiva, atendendo a que estamos no campo das percepções, a ameaça é, em muitos casos, o resultado de construções sociais. O público identifica, interpreta e associa determinados sinais a uma ameaça. Nesta construção, o discurso político desempenha um papel muito importante, contribuindo para ampliar a percepção da ameaça ou, pelo contrário, para conter e desmontar as interpretações sociais. Desta forma, cria-se uma relação complexa entre a ameaça e o sentimento de insegurança, gerado pela percepção subjectiva do risco. A complexidade da relação resulta da associação de um determinado risco à ameaça. Em termos simplificados, a probabilidade de concretização da ameaça e os potenciais danos resultantes dessa concretização determinam um certo grau de risco.

O sentimento de insegurança resulta da reacção à percepção do ambiente como perigoso, em função de um conjunto de vulnerabilidades (objectivas e subjectivas). O ambiente onde o indivíduo actua é percepcionado como representando um certo risco para a sua integridade física (ou para os que lhe são próximos) e para os seus bens. Em certa medida, o sentimento de insegurança depende da relação que se estabelece entre o risco subjectivo (percepcionado pelos indivíduos) e o risco objectivo[12], sendo que o risco percepcionado é, geralmente, superior ao risco objectivo, o que é confirmado pelos inquéritos de vitimação.

---

[11] FERNANDES, Luís Fiães, *As sociedades contemporâneas e a ameaça terrorista*, p. 429 in MOREIRA, Adriano, coord., Terrorismo, Almedina, Lisboa, 2004.

[12] O risco objectivo resulta da aplicação de metodologias próprias na análise do ambiente de modo a obter uma avaliação racional do mesmo.

Na "construção" do sentimento de insegurança, numa era de globalização, os *mass media*, que são um dos principais meios de informação do público, ao *dramatizarem* os efeitos de certas ameaças, amplificam o risco de vitimação e exercem um efeito de aproximação. Ameaças geograficamente longínquas e/ou com baixa probabilidade de materialização são percebidas pelos indivíduos como apresentando o mesmo risco que outras que se encontram mais próximas ou com maior probabilidade de materialização. A distância espacial e temporal perderam o seu significado, a percepção da ameaça, da vulnerabilidade e do risco alterou-se.

Na medida em que o "sentimento de insegurança" se situa no campo das percepções, e que em parte estas podem ser "construídas" pelos diversos actores políticos e pelos meios de comunicação, então também este pode ser "*desmontado*". A "*desmontagem*" do sentimento de insegurança pode ser feita através da reconfiguração dos factores normalmente associados a uma maior segurança objectiva. Quando os cidadãos exigem um aumento objectivo da segurança, reclamando por um maior número de polícias, uma modificação das tácticas policiais (mantendo o mesmo número de elementos policiais) baseada no aumento da visibilidade e da acessibilidade da polícia aos cidadãos terá como efeito um aumento do sentimento de segurança[13]. Assim, a uma exigência de aumento da segurança objectiva (aumento do número de elementos policiais) a resposta é dada através de tácticas que, manipulando a percepção, aumentam subjectivamente a segurança dos cidadãos.

Os modelos de policiamento de proximidade e as tácticas policiais associadas aos mesmos, em parte, actuam sob este paradigma: à exigência de maior segurança objectiva, respondem com tácticas destinadas a aumentar a segurança subjectiva da comunidade. Argumentamos que se aumenta a "segurança subjectiva" porque de facto não existem provas de que o modelo de policiamento de proximidade tenha impacto significativo na redução da criminalidade[14]. Mesmo os

---

[13] Cf. os dados dos inquéritos de vitimação referentes às respostas sobre as formas de melhorar a polícia, nomeadamente em ALMEIDA, Maria Rosa Crucho de, Inquérito de vitimação, Gabinete de Estudos e Planeamento do Ministério da Justiça, Lisboa, 1991 e Inquérito de vitimação 1992, *idem*, 1993.

[14] WEISBURD, David; ECK, Jonh E., *What can police do to reduce crime, disorder, and fear?*, The Annals of the American Academy of Political and Social Science, Vol. 593 (1), 2004, p. 52.

130   *I Colóquio de Segurança Interna*

estudos que encontram alguns efeitos positivos no controlo da criminalidade têm sido sujeitos a críticas relativamente à validade das suas conclusões[15]. Os estudos de avaliação sugerem que as tácticas policiais associadas ao modelo destinam-se sobretudo a intervir sobre a percepção do risco, como forma de reduzir o sentimento de insegurança[16].

Na vertente objectiva, a ameaça pode incidir de forma directa no Estado (como um atentado à sua integridade territorial) ou indirecta, podendo ser avaliada e caracterizada por um conjunto de factores[17]:

- Natureza e origem (clara e definida ou difusa);
- Génese (fundamentos culturais, sociais, económicos e históricos);
- Incidência (geral ou sobre certo sector da sociedade ou do Estado);
- Probabilidade (baixa, moderada ou elevada) e modo de concretização;
- Dimensão espacial (definição do espaço geográfico de probabilidade de materialização);
- Intensidade (forte ou fraca);
- Dimensão temporal (em curso ou probabilidade temporal de materialização);
- Efeitos (potenciais ou reais).

A *Estratégia Europeia em Matéria de Segurança*[18] identifica cinco ameaças à União Europeia: o *terrorismo,* considerado como uma crescente ameaça estratégica para toda a Europa; a *proliferação das armas de destruição maciça,* considerada como a maior ameaça à segurança da Europa; os *conflitos regionais*; o *fracasso dos Estados,* pelo potencial dos mesmos se tornarem bases de apoio de grupos terroristas e a *criminalidade organizada,* por ser uma ameaça interna com uma importante componente externa e pela sua potencial simbiose com o terrorismo. Nenhuma destas ameaças tem a natureza de agressão armada directa, com origem numa fonte de soberania

---

[15] Cf. GENERAL ACCOUNTING OFFICE, *Technical assessment of Zhao and Thurman's 2001 evaluation of the effects of COPS Grants on crime,* June 13, 2003.

[16] WEISBURD, David; ECK, Jonh E., *op. cit,* p. 53.

[17] Cf. também COUTO, Abel Cabral, *op. cit.,* p 330.

[18] CONSELHO EUROPEU, *Uma europa segura num mundo melhor. Estratégia europeia em matéria de segurança,* Bruxelas, 12 de Dezembro de 2003.

claramente identificada ou identificável, apesar disso continuam a apresentar um elevado risco para o Estado (nomeadamente porque interferem nas funções do mesmo) e para a sociedade, na medida em que se tratam de ameaças com um elevado potencial de exploração de vulnerabilidades estruturais e conjunturais. A "lista" anterior também ilustra a natureza variada das ameaças que compõem o *espectro da ameaça*", no qual "*Irregular conflicts abound; they pepper the conflict spectrum. (...)On the frontiers of violent crime, drug traffickers from Colombia and elsewhere have built huge transnational enterprises protected by paramilitary forces. (...)In short, and for myriad reasons, the world is entering—indeed, it has already entered—a new epoch of conflict (and crime). This epoch will be defined not so much by whether there is more or less conflict than before, but by new dynamics and attributes of conflict*"[19].

A crescente interdependência resultante, entre outras, da interconexão das infra-estruturas dos transportes, da energia e da informação aumenta a vulnerabilidade das sociedades modernas. Ao mesmo tempo, a tecnologia e a difusão do conhecimento torna mais fácil a concretização de certas ameaças. Aliás, no "*espectro da ameaça*", ameaças "tradicionais" concorrem com "novas" ameaças, caracterizadas pela sua grande diversidade, assimetria, transnacionalidade, imprevisibilidade e intensidade actuando, por vezes, de forma combinada.

No "*espectro da ameaça*", o terrorismo e a criminalidade organizada transnacional são frequentemente denominados como "novas" ameaças. No entanto, estas ameaças não são *novas* no sentido de terem surgido recentemente, mas "novas" no sentido de que, apesar de existirem *ex ante,* hoje surgem ao observador como o resultado da mutação engendrada, entre outros, pelo poder *mutagénico* da evolução tecnológica e de combinações complexas entre ameaças tradicionais. Tomemos o caso do terrorismo para ilustrar esta afirmação.

O terrorismo, ainda que numa forma rudimentar quanto aos meios e *modi operandi*, geograficamente localizado e não indiscriminado, é um fenómeno com alguns séculos que, na sua forma moderna, aparece

---

[19] ARQUILLA, John; RONFELD, David, *A new epoch — and spectrum — of conflict*, pp. 2-3 in ARQUILLA, John; RONFELD, David, ed., In Athena's camp: Preparing for conflict in information age, RAND, Santa Monica., 1997.

ligado à Revolução Francesa, ao período de 1793-1794, durante o reino de terror. Depois deste período, e os factos históricos demonstram-no, os terroristas, à medida que a tecnologia evoluía, foram utilizando tácticas e técnicas cada vez mais complexas e diversas como, por exemplo, o desvio de aeronaves[20] ou a utilização de armas químicas em atentados, como o ocorrido no metro de Tóquio. A "visibilidade" do fenómeno também não é nova. A sua presença tem sido uma constante nos meios de comunicação social, sobretudo depois do atentado de Setembro de 1972, durante os jogos olímpicos de Munique.

Quanto à criminalidade organizada, trata-se de uma ameaça em evolução permanente ao longo dos últimos séculos. Podemos encontrar os primeiros vestígios desta actividade nos piratas do século XVI[21]. Jaime Cortesão, na sua *História dos Descobrimentos Portugueses,* dá-nos conta da actividade organizada dos piratas nas suas incursões pela costa do Brasil, os quais não se limitavam ao comércio com os indígenas mas *"atacavam também feitorias e navios portugueses de comércio, que roubavam."*[22] A actividade destes piratas também se fazia sentir noutras costas, como a costa portuguesa, onde assaltavam as naus em pleno mar e saqueavam os escravos e as especiarias que transportavam[23]. Na época contemporânea, e apenas como exemplo, podemos encontrar as raízes da criminalidade organizada nos Estados Unidos da América durante os anos 1920, durante a Lei Seca[24].

---

[20] A internacionalização do terrorismo é marcada pelo desvio de uma aeronave da EL AL (companhia de aviação israelita), pela Frente Popular de Libertação da Palestina, em 22 de Julho de 1968.

[21] MANNHEIM, Herman, Criminologia Comparada, II volume, Fundação Calouste Gulbenkian, Lisboa, 1985, p. 983.

[22] CORTESÃO, Jaime, História dos Descobrimentos Portugueses, II volume, Circulo dos Leitores, s. l., 1978, p. 242.

[23] *Idem, op. cit* III volume, p.137.

[24] National Prohibition Act (1920), conhecida como Volstead Act, em honra do congressista Andrew Volstead. Esta lei considerava alcoólicas todas as bebidas que contivessem mais de 0,5% de álcool na sua composição. Foi criada uma força federal própria para a execução desta lei, o *Prohibition Bureau*, na dependência do Departamento do Tesouro. Alguns autores defendem que esta lei teve um efeito catalisador, sem precedentes, sobre os criminosos tornando-os uma importante força na América dos anos 20.

Numa perspectiva internacional, podemos afirmar que, num primeiro momento, a I Guerra Mundial foi um dos primeiros fenómenos internacionais a alterar a natureza da criminalidade transnacional. As condições do pós II Guerra Mundial, num segundo momento, propiciaram o seu crescimento em virtude da desarticulação do sistema judicial e policial em alguns países. Nos anos 60 dá-se a verdadeira transnacionalização, fruto do aperfeiçoamento técnico dos meios utilizados pelos criminosos, do melhoramento do sistema de transferências bancárias, da melhoria e da maior facilidade nas comunicações internacionais. Estas evoluções permitiram uma melhor mobilidade e comando à distância e a consequente expansão da criminalidade organizada transnacional a todas as sociedades do globo.

Os dois exemplos anteriores servem para demonstrar que o terrorismo e a criminalidade organizada transnacional não são ameaças "novas". O que é novo é a sua intensidade, o potencial de impacto e o consequente risco que representam para as sociedades e para os Estados. Esta realidade obriga a uma nova reflexão sobre a segurança.

A segurança começou por ser objecto de estudo da filosofia política e da ciência política a partir do século XVI, fruto da ideia de que a constituição da sociedade política responde à necessidade de segurança dos homens (Montesquieu, Maquiavel, Hobbes, etc.). Tradicionalmente, a segurança era concebida num quadro de referência estatal, relacionado com a soberania e com a integridade territorial do Estado. No entanto, a partir dos anos 60, os fenómenos da transnacionalização, globalização e fragmentação forçaram a emergência de novas concepções da segurança. A ideia de ordem e de certeza foi substituída, em virtude dos discursos neo-realistas de caos, desordem e de choque de civilizacional, pela incerteza e inseguranças várias. Esta realidade colocou em causa a abordagem clássica às questões de segurança e o próprio conceito "segurança".

A segurança

A segurança, já o dissemos, encontra-se no centro das preocupações do homem e do Estado. Como afirma Derian *"We have inherited an ontotheology of security, that is, an a priori argument that proves the existence and necessity of only one form of security because there currently happens to be a widespread, metaphysical belief in it.*" [25]

O vocábulo segurança adquire significados diferentes consoante os indivíduos, as sociedades e os momentos históricos em que é usado. Enquanto vocábulo, ora aparece isolado, ora ligado a outros como, por exemplo, "segurança interna" [26], "segurança jurídica" [27], "segurança pública", "segurança privada" [28], "segurança social" [29], etc. Etimologicamente deriva do baixo latim *"securancia"*, de *segurar*, de *seguro*, do *"latim sçcûru- «isento de cuidados, sem inquietações, sem perturbações, tranquilo, calmo; livre de perigo, em que nada há a temer, em segurança».*" [30] A *Grande Enciclopédia Portuguesa e Brasileira* define-a como *"Acto ou efeito de segurar; afastamento de todo o perigo (...) Estado, qualidade ou condição daquilo que é firme,*

---

[25] DERIAN, James Der, *The value of security: Hobbes, Marx, Nietzsche, and Baudrillard,* p. 25 in LIPSCHUTZ, Ronny, ed., On Security, Columbia University Press, New York, 1995.

[26] Segurança interna *"é a actividade desenvolvida pelo Estado para garantir a ordem, a segurança e a tranquilidade públicas, proteger pessoas e bens, prevenir a criminalidade e contribuir para assegurar o normal funcionamento das instituições democráticas, o regular exercício dos direitos e liberdades fundamentais dos cidadãos e o respeito pela legalidade democrática."* (cf. artigo 1.º, n.º 1 da Lei n.º 20/87, de 12 de Junho, (Lei de Segurança Interna) alterada pela Lei n.º 8/91, de 1 de Abril).

[27] Segurança jurídica, que *"equivale a certeza, determinalidade, estabilidade, previsibilidade. (...) manifesta-se, em Estado de Direito, na proibição da retroactividade da lei penal e, mais amplamente, da lei restritiva de direitos, liberdades e garantias e de lei desfavorável."* (cf. *Enciclopédia Verbo Luso-Brasileira da Cultura,* Edição século XXI, Volume XXVI, Editorial Verbo, Lisboa, 2003, coluna 613).

[28] Segurança privada, que tem uma função subsidiária e complementar da actividade das forças e dos serviços de segurança pública do Estado e que visa a prestação de serviços a terceiros por entidades privadas com vista à protecção de pessoas e bens, bem como à prevenção da prática de crimes ou a organização, por quaisquer entidades e em proveito próprio, de serviços de autoprotecção, com vista à protecção de pessoas e bens e à prevenção da prática de crimes (cf. artigo 1.º do Decreto-Lei n.º 35/2004, de 21 de Fevereiro, Regime Jurídico da Actividade de Segurança Privada).

[29] Segurança social, que pode ser definida como *"um conjunto de medidas organizadas pelo Estado ou por ele reconhecidas e tuteladas, de resposta à ocorrência de determinados riscos sociais na vida das pessoas."* (cf. *Enciclopédia Verbo Luso-Brasileira da Cultura,* Edição século XXI, Volume XXVI, Editorial Verbo, Lisboa, 2003, coluna 622).

[30] MACHADO, José Pedro, Dicionário Etimológico da Língua Portuguesa, quinto volume, Livros horizonte, 1995, p. 171.

seguro, inabalável ou inviolável (...) estado das pessoas ou coisas que os torna livres de perigo ou dano."[31] No sentido jurídico clássico, a segurança constitui um valor de garantia, condição de realização da liberdade, valor instrumental não absoluto. Numa perspectiva metafísica é um princípio determinante da auto-preservação, de garantia do direito à vida, estando intrinsecamente ligada ao conhecimento, à certeza e à racionalidade.

Se em termos técnicos[32] o conceito segurança tem alguma estabilidade, fora dele a situação é menos consensual, fruto das clivagens entre as várias escolas. O debate contemporâneo sobre o conceito "segurança" tem-se circunscrito, quase exclusivamente, às relações internacionais e aos *"security studies"*. Nestes, o debate sobre a redefinição do conceito "segurança", impulsionado pelas questões económicas e ambientais dos anos 1970 e 1980, e pelas questões de identidade e criminalidade transnacional durante os anos 1990, gerou um conjunto de correntes de opinião que tornam clara a falta de consenso sobre o conceito. As discussões em curso abordam a segurança de dois pontos de vista: o *tradicional*, em que a segurança é entendida em termos estritamente militares e centrada nas questões de sobrevivência do Estado; o *não tradicional*, em que o conceito segurança é objecto de um alargamento às questões sociais, económicas e ambientais, e de um aprofundamento, em que outros *referent objects* passam a ser considerados.

Dentro das abordagens tradicionais destaca-se a escola *realista*, com particular destaque para o pensamento do neorealista Stephen Walt. Para os realistas, o sistema internacional vive num contexto anárquico puro, sendo a segurança fundada na obtenção de poder pelos Estados (o actor central) com o fim de garantir a sua sobrevivência contra ameaças objectivas[33]. Esta escola tem uma visão restrita da segurança, na medida em que parte do princípio que as ameaças à sobrevivência do Estado têm origem externa. No entanto, desde 1945 que a força militar armada tem sido usada sobretudo em conflitos

---

[31] *Grande Enciclopédia Portuguesa e Brasileira*, Volume XXVIII, Editorial Enciclopédia, limitada, Lisboa, s. d., p. 107.

[32] Relativamente aos conceitos técnicos de segurança cf. o anexo I.

[33] LIPSCHUTZ, Ronny, *On security,* p. 5 in LIPSCHUTZ, Ronny, ed., *op. cit.*

intraestatais e não interestatais[34]. Nesta perspectiva, os conflitos internos não seriam considerados uma ameaça ao Estado, nem mesmo a acção de grupos secessionistas que defendem a autonomia e reclamam partes do território do Estado, tal como não seriam consideradas questões de segurança as ameaças de natureza criminal transnacional. Acresce que, a ideia do Estado como o actor central do sistema internacional é hoje claramente desafiada pelo aparecimento de actores não estatais, na medida em que *"The traditional state-centric view of the international system has come under sustained attack, a large part of which is based upon the identification of non-state actors"*[35].

A *escola liberal*[36] representa o principal desafio ao realismo. A definição de segurança é alargada aos factores institucionais, económicos e democráticos, dimensões que são consideradas mais determinantes que a variável militar para instaurar a paz. Para os liberais existe uma sociedade internacional marcada por interesses convergentes, constituindo a soberania um travão ao progresso. Para Robert Keohane e Joseph Nye a interdependência[37] institucional, política e económica, transforma as relações internacionais porque liga e aproxima os interesses económicos e políticos dos Estados, aumentando as vantagens da cooperação. Estes autores sublinham ainda a importância e a influência dos actores não estatais nas Relações Internacionais, na medida em que as instituições facilitam a cooperação, quando esta serve os interesses dos Estados. Contudo, reconhecem

---

[34] Segundo o *SIPRI Yearbook 2004,* 19 conflitos registados em 2003 apenas dois foram interestatais (cf. o relatório em http://editors.sipri.org/recpubs.html).

[35] FRANKEL, Joseph, International relations in a changing world, Oxford University press, Oxford, 1988, p. 68.

[36] Esta escola tem alguns dos seus alicerces em autores clássicos como John Locke (o estado de natureza podia ser compensado pela criação de um Estado de direito liberal), Emmanuel Kant (autor da concepção da paz perpétua alicerçada na propagação dos valores republicanos) e Adam Smith (filósofo do modelo capitalista como fonte de convergência entre interesses individuais e o interesse geral). Esta escola engloba várias tendências.

[37] Na perspectiva de que quanto mais democráticos os Estados mais pacíficos eles são, com base na ideia normalmente associada a Woodrow Wilson; e que a mundialização e a exportação dos mecanismos de mercado livre favorecem a paz, na medida em que quanto mais capitalistas, mais pacíficos, no pressuposto de que a interdependência económica desencoraja os Estados a usarem a força entre si, pois os conflitos ameaçam a prosperidade.

que as instituições não podem forçar os Estados a comportarem-se contra os seus interesses egoistas.

Tendo como referência o artigo de Alexandre Wendt, *Anarchy is what states make of it: the social construction of power politics* [38], de 1992, e com origem essencialmente norte americana, o construtivismo tenta demarcar-se das escolas racionalizantes como a realista e a liberal. A sua tese é que as ideias e as normas conduzem a realidade e não o inverso. A identidade dos Estados, ou de um sistema, é obra de discursos e crenças veiculadas pelas elites. Os discursos reflectem e moldam crenças e interesses e estabelecem normas aceites de comportamento. Os interesses e a identidade dos Estados são vistos como algo maleável, produto de um processo específico. Para os construtivistas, apesar do poder não ser irrelevante, o ênfase é colocado nas ideias e na forma como as "identidades" são criadas, como evoluem e como moldam a forma como os Estados analisam e percepcionam a sua situação.

Durante os anos 80, em resposta às críticas dos movimentos pacifista e pós-positivista e do "mundo académico", surge a "escola de Copenhaga". Congregada à volta do pensamento de Ole Waever, Barry Buzan e Japp De Wilde, esta "escola" produz o contributo mais inovador na problemática da segurança. Para estes autores, o conceito segurança tem de englobar as dimensões económica (porque a mudança económica pode ser uma fonte de insegurança para a posição e poder de um Estado, podendo implicar o seu declínio), societal (ligada à sobrevivência identitária dos actores estatais, mas também infra ou supra-estatais que contribuem para modificar a identidade do Estado), política (relacionada com a sobrevivência e a estabilidade do Estado) e ambiental (ligada à preservação das condições ecológicas que suportam o desenvolvimento das actividades humanas) em virtude do alargamento do *"espectro da ameaça"*. Como afirmam Buzan, Waever e De Wilde *"we want to construct a more radical view of security studies by exploring threats to referent objects, and the securitization of those threats, that are nonmilitary as well as military."* [39].

---

[38] WENDT, Alexander, *Anarchy is what states make of it: the social construction of power politics*, <u>International Organization</u>, Vol. 46 (2), Spring 1992, pp. 391-425

[39] BUZAN, Barry; WAEVER, Ole; WILDE, Jaap De, <u>Security. A New Framework for Analysis</u>, Lynne Rienner, Boulder, 1998, p. 4.

138 I Colóquio de Segurança Interna

Para estes autores, as questões de segurança são socialmente construídas a partir de certas práticas discursivas internas e, apenas secundariamente, a partir das relações entre Estados. A segurança não é uma condição ou algo estático, é antes um processo subjectivo e dinâmico, que se baseia na definição subjectiva de uma ameaça à sobrevivência, na necessidade de tomar medidas urgentes e na aceitação, pela audiência visada, da mensagem veiculada na definição da ameaça *"They* [as ameaças e as vulnerabilidades] *have to be staged as existential threats to a referent object by a securitizing actor who thereby generates endorsement of emergency measures beyond rules that would otherwise bind."* [40] Este processo é denominado de *"securitização"*. A *"de-securitização"* é um movimento em direcção oposta, consistindo na tentativa de obtenção das condições propícias ao abandono do esforço de segurança.

A *"securitização"* das questões políticas, económicas ou ambientais só ocorre quando a elite define determinado problema como uma questão de segurança, *"Security is the speech act where a securitizing actor designates a threat to a specified referent object and declares an existential threat implying a right to use extraordinary means to fence it off. The issue is securitized – becomes a security issue, a part of what is "security" – if the relevant audience accepts this claim and thus grants the actor a right to violate rules that otherwise would bind."* [41] Nesta perspectiva, o conceito segurança emerge e muda em resultado dos discursos das elites com o objectivo de *securitizar* determinados assuntos ou campos, ou seja, a segurança é um conceito socialmente construído, adquirindo um significado especial apenas num contexto social específico. A segurança passa a ser entendida como uma iniciativa que deixou o curso normal das negociações e dos compromissos políticos para empreender uma construção, um processo de *"securitização"*.

Às correntes que defendem o alargamento (no sentido de que uma definição predominantemente centrada nas questões de segurança

---

[40] *Idem, ibidem*, p. 5.

[41] WAEVER, Ole, *The EU as a security actor. Reflections from a pessimistic construtivist on post-sovereign security orders*, p. 251 in KELSTRUP, Morten; WILLIAMS, Michael C., ed., International relations theory and the politics of European integration: power, security and communities, Routledge, New York, 2000, p. 251.

militar não reconhece que as ameaças mais graves ao Estado podem não ter origem militar) juntam-se as correntes que defendem um aprofundamento, relacionadas com a introdução de novos *referent objects*, i.e., unidades sobre as quais impendem as ameaças, acrescentando ao tradicional objecto – o Estado – os indivíduos, o sistema ecológico, a comunidade, etc. Aqueles que defendem a noção de alargamento afirmam que um conceito baseado unicamente na ameaça militar não reconhece que as maiores ameaças à sobrevivência do Estado podem não ser as militares, mas as ambientais, sociais e económicas. Os que defendem o aprofundamento questionam qual os *referent objects* da segurança, i. e., o que é ameaçado, defendendo um conceito que inclua os indivíduos. A segurança passa a debruçar--se sobre os problemas económicos, ambientais, sociais, e as ameaças não são apenas aquelas que incidem sobre a sobrevivência do Estado, mas também, e sobretudo, aquelas que se fazem sentir sobre os indivíduos.

Para a escola *idealista* a segurança está ligada ao conceito de governança global, de uma ordem internacional assente em leis que transcendem os Estados e são postas em prática por organizações internacionais. Esta perspectiva acolhe uma ideia alargada de segurança.

Agrupados sob a designação de *critical security studies*, um conjunto de autores[42] declarou querer romper com a visão clássica da segurança e introduzir novos temas como os direitos do homem e o desenvolvimento económico e social. Propõem-se ainda transformar a abordagem instrumental da segurança numa abordagem reflexiva. Para eles a segurança não é o contrário de insegurança.

Em 1994, na sequência do *Human Development Report 1994*, das Nações Unidas, um novo conceito ganha popularidade: a *segurança humana*, a qual é definida como *"symbolized protection from the threat of disease, hunger, unemployment, crime, social conflict, political repression and environmental hazards"*[43]. Ao longo da última

---

[42] Autores como Mohammed Ayoob, Beverly Crawford, Ronnie D. Lipshutz, Michael Williams, Keith Krauze, Simon Dalby ou Ken Booth, reunindo-se sob a mesma designação, neorealistas, construtivistas e pós-modernistas.

[43] UNITED NATIONS DEVELOPMENT PROGRAMME, Human Development Report 1994, Oxford University Press, New Yok, 1994, p. 22.

década o conceito tem vindo a ser densificado, significando hoje *"individual freedom from basic insecurities. Genocide, wide-spread or systematic torture, inhuman and degrading treatment, disappearances, slavery, and crimes against humanity and grave violations of the laws of war as defined in the Statute of the International Criminal Court (ICC) are forms of intolerable insecurity that breach human security. Massive violations of the right to food, health and housing may also be considered in this category, although their legal status is less elevated."* [44] Este conceito surge da necessidade de alargar a interpretação do conceito "segurança", deslocando o tradicional enfoque na segurança do Estado, através das armas, para a segurança das pessoas, através do desenvolvimento humano sustentável [45].

Para além das Nações Unidas, outras organizações internacionais de segurança, como a OSCE, começaram a abordar a segurança de uma perspectiva multisectorial, incorporando novas dimensões como a económica e a ambiental, na medida em que estas, considera a OSCE, podem ameaçar a segurança e a estabilidade [46].

À discussão anterior junta-se o conceito de segurança ontológica e que *"tem a ver com o "ser", ou, nos termos da fenomenologia, com o "estar-no-mundo"* [47]. Esta é, segundo Anthony Giddens, uma forma muito importante de sentimentos de segurança e *"refere-se à segurança que muitos seres humanos têm na continuidade da sua auto-identidade pessoal e da constância dos ambientes sociais e materiais envolventes."* [48]

Por último, e em apoio de um conceito alargado de segurança, cabe referir que o Prémio Nobel da Paz do ano 2004 foi atribuído à ambientalista queniana Wangari Maathai pela sua contribuição para o desenvolvimento sustentado, democracia e paz [49]. A atribuição deste

---

[44] *A Human Security Doctrine for Europe. The Barcelona Report of the Study Group on Europe's Security Capabilities*, presented to EU High Representative for Common Foreign and Security Policy Javier Solana, Barcelona, 15 September 2004, p. 9

[45] UNITED NATIONS DEVELOPMENT PROGRAMME, *op. cit.*, p. 24.

[46] ORGANIZATION FOR SECURITY AND CO-OPERATION IN EUROPE, Ministerial Council, *Porto Ministerial Declaration. Responding to Change*, December 2002, p. 2 e Ministerial Council, *Decision no. 5. Enhancing the role of the OSCE economic and environmental dimension*, 7 December 2002.

[47] GIDDENS, Anthony, As consequências da modernidade, Celta, Oeiras, 2002, p. 64.

[48] *Idem, ibidem.*

[49] Na página http://www.nobel.no/eng lau announce2004.html, consultada em 10 de Novembro de 2004

prémio parece significar que o Comité Nobel considera que a qualidade de vida, decorrente de um ambiente equilibrado, é importante na promoção da paz e, por consequência, da segurança.

Como vimos, na generalidade, a segurança a que as diferentes escolas fazem referência é a segurança internacional. A questão da segurança interna nunca foi seriamente considerada como uma parte legítima dos *estudos de segurança*. A verdadeira segurança era aquela que se preocupava com a sobrevivência do Estado e a sua protecção de uma agressão armada potencial. A segurança, considerada fora do quadro da sobrevivência existencial do Estado, perdia o seu propósito. No entanto, perante o actual *"espectro da ameaça"*, as escolas e os modelos tradicionais de análise das relações internacionais e dos "estudos de segurança" parecem não abranger, do nosso ponto de vista, esta nova realidade, sobretudo quando se consideram, por exemplo, as ameaças transnacionais de natureza criminal.

Nestas condições é necessária uma reflexão epistemológica renovada sobre o conceito segurança e sobre as suas dimensões. Uma definição demasiado alargada do conceito implica que o mesmo deixa de ter qualquer utilidade analítica, na medida em que passa a conter inúmeras dimensões. Por outro lado, uma definição demasiado restrita arrisca-se a excluir um conjunto de novas realidades. O conceito "segurança humana", por exemplo, engloba quer a segurança física, quer a segurança económica, ambiental, etc. É tão abrangente que a sua utilidade académica e prática é muito reduzida[50]. Qualquer uma das vias (restrita e abrangente) enquanto tentativa de encontrar uma definição precisa do conceito segurança, tem resultados pouco satisfatórios e resulta em definições analiticamente insuficientes e sem capacidade explicativa. Por outro lado, as várias "escolas" e "abordagens" parecem demonstrar que a segurança não tem, enquanto conceito, existência ontológica. Neste aspecto merecem destaque Williams e Krause, e alguns autores dos *critical security studies*, que afirmam que o conceito "segurança" é um conceito derivado, sem significado em si, dependente de um objecto e do significado que lhe é atribuído.

---

[50] Paris, Roland, *Human Security – Paradigam shift or hot air?*, International Security, Vol 26 (2), Fall 2001, pp. 87-102.

O Estado e os actores não estatais

O Estado e a organização social estabeleceram-se em redor da segurança. A segurança sempre foi, e é, um requisito fundamental, quer para a constituição do grupo, quer para a sua continuidade e expansão. Actualmente o Estado, enquanto garante da segurança da sua população, encontra outros actores que actuam de forma subsidiária e complementar[51] à sua actividade, assumindo este um papel regulador da relação entre os indivíduos e estes actores. Alguns autores defendem mesmo a ideia de que, em virtude da intervenção de certos actores não estatais nas questões de segurança do próprio Estado[52], o contrato social no qual ele se baseia poderá estar em colapso[53].

Nesta linha, certos actores não estatais passaram a competir com o Estado pelo monopólio do uso da força, colocando novos problemas de segurança. Tanto são actores infra-nacionais (como certos grupos étnicos e secessionistas que exigem a Reconfuguração Territorial e Política do Estado), como actores transnacionais (como certos movimentos religiosos, humanitários e certas organizações criminosas[54]) que desafiam o poder e a soberania do Estado, que obrigam à redefinição das identidades[55] e das pertenças dos cidadãos e das sociedades, pois difundem ideias e valores e, em certos casos, desempenham papéis tão cruciais como o Estado-nação[56].

---

[51] Actividades como a "segurança privada" assumem um papel cada vez mais relevante, mesmo em termos económicos (cf. DIÁRIO ECONÓMICO (Especial segurança privada), *Sector movimentou 600 milhões de euros no ano passado*, 21 de Abril de 2004, p. i-iv).

[52] Cf., por exemplo, INTERNATIONAL HERALD TRIBUNE, *Paramilitary serviçes take off in U.S.*, April 3-4, 2004, p. 2, sobre a crescente intervenção de empresas americanas de segurança privada no conflito iraquiano.

[53] PRINS, Gwyn, *The four stroke cycle in security studies*, International Affairs, 74 (4), 1998, pp. 781-808.

[54] RAMONET, Ignacio, Géopolitique du chaos, Gallimard, s.l., 1999, p. 8.

[55] A identidade constitui fonte de significado e experiência de um povo, estando associada à necessidade de ser conhecido, de modos específicos, pelos outros. Como afirma Manuel Castells "(...) entendo por identidade o processo de construção do significado com base num atributo cultural, ou ainda um conjunto de atributos culturais inter-relacionados, o(s) qual(ais) prevalece(m) sobre outras formas de significado." Cf. CASTELLS, Manuel, O poder da identidade, Fundação Calouste Gulbenkian, Lisboa, 2003, p. 3.

[56] ARQUILLA, John; RONFELD, David, *op. cit.*, p. 3.

As Novas Ameaças como Instrumentos de Mutação...

Esta realidade reduz o valor explicativo da abordagem tradicional, baseada no poder soberano[57] do Estado, materializado num quadro institucional e em meios de acção, com o fim de evitar que outros poderes sejam exercidos no interior do seu território, espaço no qual impõe a sua autoridade. Para a realização da sua capacidade de defesa e de resistência a centros de poder[58] externos a si, o Estado recorre ao uso legítimo da força[59], concebida como um meio ao serviço do interesse geral, na procura do fim mínimo da política[60]: a ordem e a segurança pública nas suas relações internas e a defesa da integridade nacional nas suas relações externas.

Neste quadro relacional complexo (Estado – actores não estatais) é imperioso reconhecer que a ameaça está inevitavelmente ligada ao poder e este, por sua vez, é indissociável da coacção. Assim, o exercício de determinada forma de coacção é uma forma de manifestação de um certo poder, logo com o potencial de afectar a segurança. É este poder e soberania que são postos em crise pelos actores não estatais e, consequentemente, é colocada em crise a capacidade do Estado em atingir os seus fins mínimos, pois fica impedido de realizar determinadas funções (complementares e interdependentes). Acresce que a cada vez maior interdependência torna o Estado uma entidade menos autónoma com a consequência, talvez a mais importante desta evolução pós-moderna, de que o mesmo já não pode decidir de forma isolada os meios com que pode atingir a sua segurança.

A crise nos elementos essencias do Estado também afecta a ideia de fronteira. A "fronteira de segurança" já não coincide com a "fronteira geopolítica". A crescente interdependência e integração em blocos regionais desvaloriza a "fronteira geopolítica". Esta realidade

---

[57] No sentido atribuído por Jean Bodin: poder político supremo e independente.

[58] Os "centros de poder" são aqui entendidos como centros de projecção de poder coactivo dirigido às funções do Estado. Para além dos centros de poder que projectam poder coactivo, outros centros de poder, nomeadamente económicos, podem ter um elevado impacto na segurança do Estado, pela expressão que assumem ao nível do PIB e do crescimento económico.

[59] Aliás, a possibilidade de recorrer à força é o principal elemento que distingue o poder político das outras formas de poder. Trata-se de um poder funcional.

[60] É o fim mínimo porque *conditio sine qua non* para alcançar os fins do Estado – Segurança, Justiça e Bem Estar.

produz uma redução do alcance prático da ideia de segurança *interna* enquanto realidade autónoma e circunscrita ao interior das fronteiras geopolíticas, desde logo porque a própria interiorização pode constituir factor de erro na concepção das políticas públicas de segurança. O facto é que, nas condições actuais, não seria concretizável para Portugal, ou para qualquer outro Estado, um esforço de segurança independente. Aliás, esta realidade não é totalmente nova. A crise de governabilidade, que se acentuou com entrada no século XXI e com a crescente globalização, demonstrou que, por um lado, o Estado, ao nível nacional, se tornou demasiado burocratizado e afastado dos problemas reais para garantir o tratamento adequado e diferenciado de certos problemas societais locais. Por outro, o Estado é cada vez menos capaz de, sozinho, resolver certos problemas internos, decorrentes da crescente interdependência e globalização. Os Estados, para garantirem a *segurança interna*, têm de recorrer a um complexo sistema de acordos e convenções internacionais[61], ou seja, *"o quadro pós-Guerra Fria caracteriza-se por uma crescente abertura das fronteiras, com uma indissolúvel ligação entre os aspectos internos e externos da segurança."*[62]

A crise de governabilidade tem como resultado a concepção e a implementação de políticas públicas num contexto policentrico, com recurso a redes complexas de actores, caracterizados por uma certa dependência interorganizacional e crescente necessidade coordenação entre si. Aliás, essa é uma realidade já em curso pois *"Citizens in the Member states of the European Union are already living in multilayered political systems in which two or more decisions centres have the formal authority to decide on their social life by passing decision and rules to regulate their behaviour."*[63]

---

[61] Como afirma BECK *"o único caminho para a segurança nacional é a cooperação internacional. (…) Os Estados têm de se desnacionalizar e transnacionalizar para o seu próprio interesse nacional, isto é, abdicar da sua soberania, para que, num mundo globalizado, possam tratar dos seus problemas nacionais."* Cf. BECK, Ulrich, *o Estado cosmopolita. Para uma utopia realista*, em www.eurozine.com/article/2002-1-30-beck-pt.html, página consultada em 31-10-2003.

[62] CONSELHO EUROPEU, *Uma europa segura num mundo melhor. Estratégia europeia em matéria de segurança*, Bruxelas, 12 de Dezembro de 2003, p. 2.

[63] KELSTRUP, Morten; WILLIAMS, Michael C., ed., International relations theory and the politics of European integration: power, security and communities, Routledge, New York, 2000, p. 2.

As Novas Ameaças como Instrumentos de Mutação...   145

O efeito causado pela interpenetração entre a segurança interna e a segurança externa requer uma profunda reflexão[64]. De forma aparentemente paradoxal, e decorrente do novo quadro de ameaças, os serviços internos de segurança passaram a *acompanhar* os adversários internos para além das suas fronteiras. Este efeito de interpenetração já se manifesta, por exemplo, ao nível da manutenção da ordem pública local. No caso da União Europeia, e nas situações de grandes eventos (como é o caso do futebol), em nome da ordem pública interna, o controlo dos fluxos fronteiriços é reposto e o Estado anfitrião recebe membros de forças policiais dos países visitantes. A segurança interna passa a depender da cooperação dos agentes de segurança (policias e serviços de informações) de outros Estados. Na mesma medida, a compreensão de determinados fenómenos internos – como certas comunidades de imigrantes – não dispensa a monitorização da evolução politica, cultural, social e religiosa dos respectivos países de origem[65]. A segurança interna deixa de ser um fenómeno geograficamente fixado e o vector internacional passa a constituir uma dimensão construtiva e explicativa da dimensão interna da segurança, apesar da tradição de separação das duas dimensões[66].

---

[64] Cf. BIGO, Didier, *When two become one: internal eand external securitisation in europe*, pp. 171-204 in KELSTRUP, Morten; WILLIAMS, Michael C., *op. cit.*

[65] Poderemos utilizar o caso francês como exemplo. Em consequência da existência de uma grande diáspora argelina em França, o problema do terrorismo, que se fez sentir de forma muito intensa na Argélia a partir de 1992, acabou por transbordar para França, como demonstra a tomada de assalto de um avião da *Air France*, com 283 pessoas a bordo, que fazia a ligação entre a Argel e Paris, em 24 de Dezembro de 1994. O avião foi tomado no aeroporto de Argel, tendo os 4 terroristas exigido a libertação de 2 lideres da FIS e que o avião voasse para Paris. Depois de libertadas a maioria das mulheres e crianças a descolagem foi autorizada. Em Marselha o avião aterrou para reabastecimento, sendo então tomado de assalto pela unidade de contra-terrorismo francesa. Durante o assalto os quatro terroristas foram mortos e as restantes 170 pessoas foram libertadas.

[66] O Estado português, neste particular, está vinculado, constitucionalmente, à garantia da segurança interna e externa. Note-se que a nossa Constituição aborda as questões da segurança de uma perspectiva tradicional (cf., entre outros, o art.º 268 CRP). A Constituição não define o conceito de "segurança interna", nem de "segurança externa", remetendo essa definição para o legislador ordinário.

Conclusões

O Estado, na sua forma moderna, tem como pilar fundamental da sua existência a garantia da segurança da sua população, quer contra ameaças internas, quer contra ameaças externas. As ameaças, até à queda do muro de Berlim, estavam "localizadas" e o "inimigo" estava identificado. Com o pós 1989 as ameaças "deslocalizaram-se" e os "inimigos" tornam-se difíceis de identificar.

Se inicialmente os Estados tiveram de travar guerras para defender o seu território e as suas populações hoje, a par de certos actores estatais, um crescente número de actores não estatais ameaçam a soberania do Estado e, para os mais pessimistas, a sua própria existência. Esta mudança de paradigma resulta da complexificação do sistema internacional, que materializou a importância de outros actores, nos quais se incluem variados tipos de organizações, que actuam e evoluem num ambiente que transcende as fronteiras geopolíticas dos Estados.

A variedade de escolas e de autores que têm dado o seu contributo para a construção do conceito segurança proporcionam uma constante reflexão sobre o mesmo. A variedade de posições também revela outra realidade: o consenso sobre o conceito segurança afigura-se inatingível, desde logo pela diversidade de abordagens, donde resultam conceitos, por vezes, inconciliáveis, pelo menos nos seus pressupostos. Por outro lado, a discussão que continua no âmbito dos "estudos de segurança", e como já muitos alertaram, tornou-se demasiado normativa, demasiado centrada nos actores que *devem* ser incluídos e nas questões que *devem* ser analisadas, em vez de se centrar no que constituí uma definição com valor analítico e metodologicamente válida.

Actualmente o sistema internacional encontra-se sujeito a forças diametralmente opostas (por um lado a globalização económica, por outro a fragmentação política) que revelam uma crescente importância do factor externo na política interna. A internacionalização das sociedades e a natureza cada vez mais transnacional das ameaças e dos riscos tornam difícil a demarcação entre interno e o externo, confundindo as duas dimensões. Esta realidade determina que a *segurança interna* não possa ser separada da *segurança externa*. As interacções entre sociedades feitas através, por exemplo, do livre movimento de capitais, são consequência das acções autónomas de actores não estatais. Estas interacções podem induzir importantes transformações nas sociedades, afectando o contexto de tomada de decisão. Assim, os governos são obrigados a agir no interior a acontecimentos que têm a sua origem no exterior, fora do seu controlo.

Perante fontes diversificadas de insegurança, a segurança deve ser procurada em respostas de carácter universal quanto à natureza e meios a utilizar na sua construção. O Estado terá de adoptar o quadro normativo, as formas de organização e os instrumentos necessários à criação de um verdadeiro *continum de segurança* (político, institucional, meios, geográfico) e não, como parece acontecer a maioria das vezes, executar meras reformas normativas e organizacionais de impacto limitado.

Em suma, a compreensão das políticas públicas de segurança, enquanto programas de acção pública dirigidos a um sector ou a um espaço geográfico, não pode ser hoje atingida se apenas referenciada aos estritos limites da fronteira geopolítica do Estado. A construção, alargamento e aprofundamento, em termos de integração, de espaços políticos, económicos, sociais e culturais unificados, como o caso da União Europeia, originam, do nosso ponto de vista, uma mudança de referencial. Uma mudança de referencial que, em termos normativos, ainda não aconteceu.

Apesar do quadro traçado, cremos que actualmente o Estado ainda continua a ser o único actor capaz de garantir a segurança da sociedade e dos indivíduos. Esta afirmação encontra justificação nos esforços de *"institution building"* e de *"reforma do sector da segurança"* desenvolvidos por várias organizações internacionais (ONU, OSCE, etc.). Aliás, a construção e reforço das instituições do Estado e a reforma/reconstrução do sector da segurança é um dos primeiros pilares da reconstrução de Estados que têm as suas instituições desarticuladas em consequência de conflitos, sendo áreas consideradas fundamentais na garantia da sustentabilidade da "entidade" Estado e da sua sociedade.

Anexo I

A segurança[67], em termos técnicos, pode ser definida como *"Um estado que se alcança quando a informação classificada, o pessoal, as instalações e as actividades estão protegidos contra a espionagem e sabotagem, bem como contra perdas ou acesso não autorizado. O termo também se aplica às medidas necessárias para se conseguir aquele estado e às organizações responsáveis por estas medidas"*. No âmbito de uma definição técnica de segurança vários tipos de segurança podem-se identificar:

- *Segurança electrónica (ELSEC)* – Protecção resultante de todas as medidas destinadas a negar a pessoas não autorizadas notícias que possam ser obtidas pela intercepção e estudo de radiações electromagnéticas (extracomunicações).
- *Segurança física* – A parte da segurança que se preocupa com as medidas físicas destinadas a salvaguardar o pessoal e prevenir acessos não autorizados a informações, materiais e instalações, contra a espionagem, sabotagem, danificação e roubo, tanto nos locais de fabrico ou armazenagem como durante deslocações.
- *Segurança informática* – Salvaguarda dos sistemas de processamento automático de dados e prevenção da divulgação, distorção ou destruição ilícita das informações classificadas.
- *Segurança do pessoal* – A parte da segurança que se preocupa com todas as medidas relacionadas com o pessoal destinadas a neutralizar as ameaças provocadas por serviços de informação hostis ou por indivíduos ou organizações subversivos.
- *Segurança protectiva* – Sistema organizado de medidas defensivas instituído e mantido a todos os níveis, com o objectivo de obter e manter a segurança.
- *Segurança das telecomunicações (COMSEC)* – Protecção resultante de todas as medidas destinadas a negar a pessoas não autorizadas notícias que possam ser obtidas por intercepção e estudo das telecomunicações ou para confundir as pessoas

---

[67] Fonte: Resolução do Conselho de Ministros n..º 58/88, de 3 de Dezembro, ANEXO A – Glossário de termos de informações e segurança nacional.

não autorizadas nas suas interpretações dos resultados de tal estudo. Inclui a segurança física das instalações, segurança do pessoal, segurança dos meios e processos de transmissões, segurança criptográfica e segurança informática.

Referências bibliográficas

ARQUILLA, John; RONFELD, David, ed., In Athena's camp: Preparing for conflict in information age, RAND, Santa Monica., 1997.

BAYLE, J. L. Loubet del, La police, approche socio-politique, Montchrestien, Paris, 1992.

BECK, Ulrich, *The terrorist threat. World risk society revisited*, Theory, Culture & Society, Vol. 19 (4), 2002, pp. 39-55.

BOOTH, Ken, ed., New Thinking About Strategy and International Security, Harper Collins, London 1991.

BOOTH, Ken; SMITH, Steve, ed., International relations theory today, Polity Press, Cambridge, 1997.

BRAILLARD; Philippe, Teoria das Relações Internacionais, Fundação Calouste Gulbenkian, Lisboa, 1990.

BUZAN, Barry, People, States and Fear. An Agenda for International Security Studies in the Post-Cold War Era, Harvester Wheatsheaf, London, 1991.

BUZAN, Barry; KELSTRUP, Morten; LEMAITRE, Pierre; WAEVER, Ole, The European Security Order Recast. Scenarios for the Post-Cold War Era, Pinter, London, 1990.

BUZAN, Barry; WAEVER, Ole, Regions and Powers: The Structure of International Security, Cambridge University Press, Cambridge, 2003.

BUZAN, Barry; WAEVER, Ole; WILDE, Jaap De, Security. A New Framework for Analysis, Lynne Rienner, Boulder, 1998.

CAETANO, Marcello, Manual de Ciência Política e Direito Constitucional – Tomo I, Almedina, Coimbra, 1992.

CASTELLS, Manuel, O poder da identidade, Fundação Caloustre Gulbenkian, Lisboa, 2003.

CLARKE, Michael, ed., New Perspectives on Security, Brassey's, London 1993.

CORTESÃO, Jaime, História dos Descobrimentos Portugueses, II volume, Circulo dos Leitores, s. l., 1978.

CORTESÃO, Jaime, História dos Descobrimentos Portugueses III volume, Circulo dos Leitores, s. l., 1978.

COUTO, Abel Cabral, Elementos de Estratégia, Apontamentos para um Curso, vol I, Instituto de Altos Estudos Militares, Lisboa, 1988.

CRETIN, Thierry, Mafias du monde, organisations criminelles transnationales, Presses Universitaires de France, paris, 1997.

DIEU, François, Politiques publiques de sécurité, l'Harmattan, France, 1999.

DUFFEE, David, ed., Criminal Justice 2000. Volume Four: Measurement and Analysis of Crime and Justice, Department of Justice, National Institute of Justice, Washington, D.C., 2000.

DUVERGER, Maurice, Sociologia da Política, Almedina, Coimbra, 1983.

Enciclopédia Verbo Luso-Brasileira da Cultura, Edição século XXI, Volume XXVI, Editorial Verbo, Lisboa, 2003.

FIGUEIREDO, Cândido de, Grande Dicionário Electrónico da Língua Portuguesa, Máquinas em movimento e Bertrand, 1996.

FRANKEL, Benjamin, ed., Roots of Realism, Frank Cass, London, 1996.

FRANKEL, Joseph, International relations in a changing world, Oxford University press, Oxford, 1988.

FREUND, Julien, Sociologie du Conflit, Presses Universitaires de France, Paris, 1983.

GIDDENS, Anthony, As consequências da modernidade, Celta, Oeiras, 2002.

Grande Enciclopédia Portuguesa e Brasileira, Volume XXVIII, Editorial enciclopédia, limitada, Lisboa, s. d.

HOLSTI, Kalevi J., The State, War, and the State of War, Cambridge University Press, Cambridge, 1996.

HOMER-DIXON, Thomas F., Environment, Scarcity, and Violence, Princeton University Press, Princeton, 1999.

HUYSMANS, Jef, Security! What Do You Mean? From Concept to Thick Signifier, European Journal of International Relations, Vol. 4 (2), June 1998, pp. 226-255.

KALDOR, Mary, New and Old Wars. Organized Violence in a Global Era, Polity Press, Oxford, 1999.

KATZENSTEIN, Peter, The Culture of National Security, Columbia University Press, New York, 1996.

KELSTRUP, Morten; WILLIAMS, Michael C., ed., International relations theory and the politics of European integration: power, security and communities, Routledge, New york, 2000.

KEOHANE, Robert O.; Nye, Joseph S., Power and Interdependence, Little Brown, Boston, 1977.

KRAUSE, Keith; WILLIAMS, Michael C., eds., Critical Security Studies: Concepts and Cases, UCL Press, London, 1997.

LIPSCHUTZ, Ronny, ed., On Security, Columbia University Press, New York, 1995.

MACHADO, José Pedro, Dicionário Etimológico da Língua Portuguesa, quinto volume, Livros horizonte, 1995.

MANNHEIM, Herman, Criminologia Comparada, II volume, Fundação Calouste Gulbenkian, Lisboa, 1985.

MIRANDA, Jorge, Funções, Órgãos e Actos do Estado, F.D. da U. Lisboa, Lisboa, 1990.

MOREIRA, Adriano, coord., Terrorismo, Almedina, Lisboa, 2004.

PARIS, Roland, *Human Security – Paradigam shift or hot air?*, International Security, Vol 26 (2), Fall 2001, pp. 87-102.

PEREIRA, André Gonçalves; QUADROS, Fausto de, Manual de Direito Internacional Público, Almedina, Coimbra, 1993.

POSEN, Barry R., *The Security Dilemma of Ethnic Conflict*, Survival, Vol. 35 (1), Spring 1993, pp. 27-47.

PRINS, Gwyn, *The four stroke cycle in security studies*, International Affairs, 74 (4), 1998, pp. 781-808.

RAMONET, Ignacio, Géopolitique du chaos, Gallimard, s.l., 1999.

RAUFER, Xavier, *Nouvelles menaces criminelles, nouveaux terrorismes*, Reveu Internationale de Police Criminelle, n.º 474-475, 1999, pp. 40-42.

ULLMAN, Richard, *Redefining Security*, International Security, Vol. 8 (1), Summer 1983, pp. 162-177.

WÆVER, Ole; BUZAN, Barry; KELSTRUP, Morten; LEMAITRE, Pierre, Identity, Migration and the New Security Agenda in Europe, Pinter, London, 1993.

WALT, Stephen, *The Renaissance of Security Studies*, International Studies Quarterly, vol. 35 (2), 1991, pp. 211-239.

WALTZ, Kenneth N., Theory of International Politics, Addison--Wesley, Reading, MA, 1979.

WEISBURD, David; ECK, Jonh E., *What can police do to reduce crime, disorder, and fear?*, The Annals of the American Academy of Political and Social Science, Vol. 593 (1), 2004.

WENDT, Alexander, *Anarchy is what states make of it: the social construction of power politics*, International Organization, Vol. 46, spring 1992, pp. 391-425.

WILKINSON, Iain, *Social theories of risk perception: at once indispensable and insufficient*, Current Sociology, Vol. 49 (1) January 2001, pp. 1-22.

IV MESA

Direito Penal mão ou braço da Segurança Interna?

Presidência
Prof. Doutor GERMANO MARQUES DA SILVA – Professor Catedrático
do ISCPSI e Professor da Faculdade de Direito
da Universidade Católica de Lisboa

Prelectores
Segurança Interna, Processo Penal e Serviço de Informações
Prof. RUI PEREIRA – Professor da Faculdade de Direito
da Universidade Nova, da Universidade Lusíada e do ISCPSI

A acção penal catapulta da segurança interna?
Procuradora-Geral Adjunta CÂNDIDA DE ALMEIDA – Directora da
Direcção Central de Investigação e Acção Penal

INFORMAÇÕES E INVESTIGAÇÃO CRIMINAL

RUI PEREIRA *

1. Aparentemente, não faz muito sentido relacionar as informações com a investigação criminal. Tanto na Lei Quadro do Sistema de Informações da República Portuguesa[1] como na Lei da Organização da Investigação Criminal[2], o legislador português teve a preocupação constante de dissociar ambas as actividades: comete ao Serviço de Informações Estratégicas de Defesa e ao Serviço de Informações de Segurança a responsabilidade de produzir as informações tendentes a garantir a independência nacional e a segurança interna, respectivamente, em regime de exclusividade[3]; proíbe os serviços de informações de praticarem quaisquer actos da competência dos órgãos de

---

* Professor Convidado na Faculdade de Direito da Universidade Nova, na Universidade Lusíada e no Instituto Superior de Ciências Policiais e Segurança Interna

[1] Lei n.º 30/84, de 5 de Setembro, alterada pelas Leis n.ºs 4/95, de 21 de Fevereiro, 15/96, de 30 de Abril, 75-A/97, de 22 de Julho, e, por último, pela Lei Orgânica n.º 4/2004, de 6 de Novembro.

[2] Lei n.º 21/2000, de 10 de Agosto.

[3] Artigos 20.º e 21.º da Lei Quadro do SIRP; artigos 2.º do Decreto-Lei n.º 254/95, de 30 de Setembro (Lei Orgânica do então designado Serviço de Informações Estratégicas de Defesa e Militares), e 2.º do Decreto-Lei n.º 225/85, de 4 de Junho (Lei Orgânica do Serviço de Informações de Segurança). Na verdade, esta última norma prescreve de forma peremptória que "O SIS é, no SIRP, o *único* organismo incumbido da produção de informações destinadas a garantir a segurança interna ...". Observe-se, por fim, que o artigo 6.º da Lei Quadro do SIRP estabelece, no n.º 1 do artigo 6.º, sob a sugestiva epígrafe "exclusividade", que "é proibido que outros serviços prossigam objectivos e actividades idênticos aos dos previstos na presente lei". O n.º 2 do mesmo artigo, recentemente acrescentado pela citada Lei Orgânica n.º 4/2004, esclarece que a exclusividade não prejudica as actividades de informação de natureza operacional específica, desenvolvidas pelas Forças Armadas, no âmbito estrito das suas necessidades internas de funcionamento e do desempenho das missões conferidas". Esta ressalva demonstra que o legislador terá sido sensível à afirmação

156 I Colóquio de Segurança Interna

polícia criminal ou das autoridades judiciárias[4] ou lesivos de direitos, liberdades e garantias dos cidadãos[5]; concebe, por fim, regimes diferenciados para os segredos de Estado e de justiça, que não admitem a sua consideração conjunta como um sistema de vasos comunicantes[6].

Não é difícil compreender as razões desta preocupação do legislador. Quando, em 1984, aprovou, finalmente, a Lei Quadro do SIRP, para dar resposta ao terrorismo doméstico – sobretudo protagonizado pelas F.P. 25 de Abril[7] – e a atentados terroristas internacionais – como aquele que vitimou o dirigente da OLP Issam Sartawi[8] –, o poder político estava ainda preocupado com a memória da polícia política do antigo regime – a PIDE/DGS – e pretendia tornar clara a distinção entre esta e os serviços de informações do Estado de direito democrático.

Por esta razão, procedeu-se a uma distinção radical entre informações e investigação criminal (que não constitui corolário obrigatório do Estado de direito democrático mas é, na realidade, recomendável

---

segundo a qual as informações estritamente militares não podem ser produzidas com eficácia por um serviço civil – cfr., a este propósito, RUI PEREIRA, "A produção de informações de segurança no Estado de direito democrático", *Lusíada*, *Série Especial* (*Informações e Segurança Interna*), 1998, p. 34 (n. 5), e "Terrorismo e Insegurança. A resposta portuguesa", *Revista do Ministério Público* n.º 98 (2004), p. 106. E esta sensibilidade é logo indiciada pela mudança de nome do SIED que perde a referência às "informações militares", que passam a ser assumidas pela DIMIL.

[4] Artigo 3.º, n.ºˢ 2 e 3, da Lei Orgânica do SIS.

[5] Artigo 3.º, n.º 1, da Lei Orgânica do SIS.

[6] O regime do segredo de Estado – como limite ao depoimento testemunhal – está previsto no artigo 137.º do Código de Processo Penal. A confirmação do segredo é feita pelo Ministro da Justiça. No domínio das informações, vigora um regime especial, consagrado nos artigos 32.º e 33.º da Lei Quadro do SIRP, dependendo a confirmação do próprio Primeiro-Ministro (artigo 33.º, n.º 2). Por seu turno, o segredo de justiça constitui uma excepção à publicidade do processo que vale a partir da decisão instrutória (pronúncia ou não-pronúncia do arguido) ou do momento em que a instrução já não pode ser requerida (consolidação dos despachos de acusação ou de arquivamento do inquérito) – cfr. o n.º 1 do artigo 86.º do Código de Processo Penal.

[7] O último atentado das FP 25 de Abril vitimou Gaspar Castelo Branco, Director-Geral dos Serviços Prisionais, em 15 de Fevereiro de 1986.

[8] O atentado contra Issam Sartawi ocorreu em Montechorro, em 10 de Abril de 1983. Em 27 de Julho do mesmo ano, foi perpetrado um atentado contra a embaixada da Turquia em Lisboa pelo Grupo ASALA. Já em 13 de Novembro de 1979 o Embaixador de Israel em Portugal, Ephraim Eldar, fora vítima de uma tentativa de homicídio levada a cabo pela Organização Nasserista para a Libertação dos Presos no Egipto.

Informações e Investigação Criminal 157

em países que tiveram uma experiência de ditadura recente), criou-se uma multiplicidade de serviços de informações (inicialmente três e posteriormente dois)[9] e instituiu-se um sistema diversificado de fiscalização, envolvendo o Parlamento e a Procuradoria-Geral da República[10].

2. Constituiria um lamentável equívoco, no entanto, supor que não existe relação alguma entre informações e investigação criminal. Na verdade, tendo por objectivo precípuo a preservação da incolumidade do Estado português e dos direitos, liberdades e garantias dos cidadãos, as informações são, em larga medida, instrumentais da investigação criminal. As informações que interessam aos serviços de informações podem desencadear processos judiciais respeitantes a crimes contra o Estado de direito, a crimes de sabotagem e a crimes de tráfico de pessoas, drogas e armas, para dar apenas alguns exemplos mais evidentes.

Assim, poderemos dizer que as informações de segurança, em especial, constituem uma fase prévia da própria prevenção criminal, honrando a divisa do SIS – *principiis obsta*. As informações de segurança estão para a investigação criminal como os crimes de perigo para os crimes de dano – constituem uma antecipação da tutela que é proporcionada pela intervenção formal do direito penal[11].

---

[9] Inicialmente, a Lei Quadro do SIRP contemplava três serviços – o Serviço de Informações de Segurança, o Serviço de Informações Estratégicas de Defesa e o Serviço de Informações Militares. Na realidade, apenas o primeiro destes Serviços começou a funcionar cerca de um ano depois. SIED e SIM nunca chegaram a ser criados, tendo sido fundidos num único serviço – Serviço de Informações Estratégicas de Defesa e Militares –, por força da Lei n.º 4/95. O SIEDM foi instalado a partir de 1997 e passou, como se referiu, a ser designado por SIED com a entrada em vigor da Lei Orgânica n.º 4/2004.

[10] O Conselho de Fiscalização da Assembleia da República é eleito por uma maioria qualificada de dois terços de deputados e composto por três membros (que podem ser deputados ou não). Presentemente, a eleição pode ser feita em lista uninominal ou plurinominal. Este Conselho tem competência genérica e os seus poderes têm vindo a ser ampliados – cfr. o artigo 8.º e ss. da Lei Quadro do SIRP. A Lei Orgânica n.º 4/2004 passou a prever uma remuneração para os membros deste Conselho (artigo 13.º, n.º 2). A Comissão de Fiscalização de Dados é constituída por três magistrados do Ministério Público designados pelo Procurador-Geral da República e tem uma competência circunscrita aos dados pessoais recolhidos pelos Serviços (artigo 26.º).

[11] Sobre a função dos crimes de perigo, cfr. RUI PEREIRA, *O dolo de perigo*, 1995, pp. 22-3.

3. Mas que questões suscita, então, o relacionamento entre informações e investigação criminal? Quais são, afinal, as áreas que apelam a uma reflexão mais aprofundada na confluência entre a actividade dos serviços de informações e a actividade dos órgãos de investigação criminal?

Numa primeira abordagem e desenvolvendo um esforço de aproximação perfunctório, poderemos divisar quatro questões especialmente complexas:

a) Até onde pode ir a actividade dos serviços de informações? Deve cessar com a intervenção dos órgãos de polícia criminal? Pode desenvolver-se concomitantemente com a investigação criminal em alguns casos?

b) Que informações podem produzir os órgãos de polícia criminal sem prejuízo do "monopólio" atribuído ao SIS em matéria de produção de informações tendentes a salvaguardar a segurança interna? Faz sentido distinguir entre informações produzidas pela polícia em sede de prevenção criminal e informações de segurança? Qual é o critério de distinção?

c) De que meios se podem prevalecer os serviços para produzirem informações? Para além das "escutas telefónicas" e das buscas e revistas, estão-lhes vedadas quaisquer acções encobertas? É possível um serviço de informações cumprir a sua missão exclusivamente à custa da chamada informação aberta – obtida através de contactos oficiais ou expontâneos com fontes humanas ou instituições, dos *media* ou da *internet*?

d) Como se conjugam os segredos de Estado e de justiça? Os serviços de informações estão obrigados a comunicar aos órgãos de polícia criminal quaisquer factos com relevância penal? E os órgãos de polícia criminal devem comunicar aos serviços de informações todos os dados relevantes para que estes prossigam a sua missão ou devem restringir tal dever de cooperação por força do segredo de justiça?

4. Em geral, a actividade dos serviços de informações distingue-se da investigação criminal no plano diacrónico: é prévia à intervenção dos órgãos de investigação criminal.

Com efeito, não é numa perspectiva temática que a acção de uns e outros organismos se distingue. Em regra, as actividades que merecem

Informações e Investigação Criminal

a atenção dos serviços de informações constituem potencialmente ilícitos criminais: crimes de espionagem, terrorismo, sabotagem ou, afinal, quaisquer outros que possam "alterar ou destruir o Estado de direito constitucionalmente estabelecido"[12]. Em função das circunstâncias – gravidade, reiteração, carácter organizado, ressonância social –, quaisquer ilícitos criminais podem afectar o Estado de direito democrático. Só de acordo com uma avaliação de prioridades, a levar a cabo pelo Conselho Superior de Informações[13], se pode definir quais são os objectivos prioritários dos serviços.

Todavia, a distinção diacrónica, que postula que serviços de informações e órgãos de investigação criminal se podem dedicar sucessivamente aos mesmos fenómenos, só é tendencialmente verdadeira. Em primeiro lugar, há fenómenos (sobretudo no domínio da espionagem, mas também no âmbito do terrorismo e da criminalidade organizada) que nunca atingem o grau de precisão (ou "recorte", para usar o jargão do "mundo das informações") necessário à instauração de um procedimento criminal[14]. Em segundo lugar, determinadas matérias podem interessar aos serviços de informações e estarem destituídas de relevância criminal (o comércio de armamento ou o investimento estrangeiro, por exemplo). Por fim, há fenómenos que podem ser acompanhados em simultâneo por serviços de informações

---

[12] O crime de espionagem está tipificado no artigo 317.º do Código Penal. Os crimes de terrorismo, outrora previstos no Código Penal, estão agora tipificados na Lei n.º 52/2003, de 22 de Agosto (sobre as inovações desta lei, *vide* o nosso "Terrorismo e Insegurança ...", *text.cit.*. O crime de sabotagem é descrito no artigo 329.º do Código Penal. Os "outros actos susceptíveis" de pôr em causa a segurança interna apelam, sobretudo, ao conceito de criminalidade organizada (a que alude, por exemplo, o n.º 2 do artigo 1.º do Código de Processo Penal). Cabe frisar, porém, que os conceitos usados no âmbito das informações têm um sentido funcional e teleológico não necessariamente coincidente com o significado jurídico-penal – por exemplo o conceito de sabotagem pode ser mais amplo do que o crime de sabotagem.

[13] O Conselho Superior de Informações é presidido pelo Primeiro-Ministro e integra vários Ministros e o CEMGFA. Com a entrada em vigor da Lei Orgânica n.º 4/2004, apenas o Secretário Geral do Sistema, mas não já os Directores-Gerais dos Serviços, passou a ter assento neste Conselho. Outra novidade desta lei traduziu-se na inclusão de dois deputados no Conselho(artigo 18.º).

[14] A dedução de acusação depende, nos termos do n.º 1 do artigo 283.º do Código de Processo Penal, da recolha de indícios suficientes de se ter verificado o crime e de quem foi o seu agente. O n.º 2 do mesmo artigo esclarece que se consideram suficientes os indícios de que resulte possibilidade razoável de condenação.

160   *I Colóquio de Segurança Interna*

e por órgãos de investigação criminal. Nesta última hipótese, são diferentes os ângulos de abordagem – por exemplo, os serviços de informações podem estar interessados num crime de tráfico de droga na medida em que ele revele uma fonte de financiamento do terrorismo, ao passo que os órgãos de polícia criminal, subordinados funcionalmente ao Ministério Público, procuram reunir indícios probatórios que habilitem esta magistratura autónoma a deduzir uma acusação no termo do inquérito[15].

5. Respondendo já à segunda questão enunciada, direi que o "monopólio" atribuído aos serviços de informações em matéria de informações de segurança não obsta a que os órgãos de polícia criminal produzam informações prospectivas instrumentais da investigação criminal.

Em primeiro lugar, esta asserção é confirmada pela circunstância de os órgãos de polícia criminal poderem desenvolver actividades probatórias ainda anteriores ao próprio inquérito – incluindo até acções encobertas[16]. Em segundo lugar, a própria existência de um Sistema Integrado de Informação Criminal, prevista na Lei de Organização da Investigação Criminal[17], mas ainda não efectivada quatro anos volvidos sobre a entrada em vigor desta lei, pressupõe a existência de informação com alcance estratégico para a investigação criminal.

Aquilo que importará evitar a todo o custo é a descaracterização dos órgãos de polícia criminal ou a perversão da investigação criminal e a sua colocação ao serviço de fins estranhos ao desenvolvimento da política criminal do Estado. Mas para evitar uma tal perversão também é decisivo, precisamente, evitar "nichos de informações", pondo a funcionar o referido sistema integrado. Aliás, esse sistema é também hoje condição necessária do sucesso global da investigação

---

[15] A iniciativa de acusar só não cabe ao Ministério Público nos casos de crimes particulares, em que compete ao assistente (artigo 285.º, n.º 1, do Código de Processo Penal).

[16] As acções encobertas levadas a cabo no âmbito da prevenção criminal (prévias à existência do inquérito) são propostas pelo magistrado do Ministério Público junto do Departamento Central de Investigação e Acção Penal e autorizadas pelo juiz do Tribunal Central de Instrução Criminal – artigo 3.º, n.ºs 4 e 5, da Lei n.º 101/2001, de 25 de Agosto.

[17] Cfr. o n.º 3 do artigo 8.º da Lei n.º 21/2000, de 10 de Agosto, que remete para diploma próprio a regulação do Sistema Integrado de Informação Criminal.

Informações e Investigação Criminal 161

criminal. Com efeito, a existência de uma multiplicidade de órgãos de investigação criminal – dotados de competência genérica, específica ou reservada[18] –, implicitamente reconhecida pelo Código de Processo Penal de 1987[19], é hoje uma realidade incontornável. A não cooperação em matéria de informação criminal tenderá a "secar" os órgãos de polícia criminal e até, sobretudo, a Polícia Judiciária, órgão de investigação criminal por excelência, uma vez que o acervo informativo mais importante é recolhido pelas polícias de cobertura territorial – a GNR e a PSP – e, não raramente, as informações mais relevantes são obtidas no decurso da investigação de crimes relativamente pouco graves.

6. O espectro da polícia política do antigo regime explicou, como já referi, o paradigma do Sistema de Informações adoptado por Portugal em 1984. Entre os traços decisivos desse regime, figura o completo silêncio sobre os meios de actuação de que os serviços se podem prevalecer. Na verdade, só negativamente se esclarece que os serviços de informações nem podem pôr em causa direitos, liberdades e garantias dos cidadãos nem podem praticar actos da competência dos órgãos de polícia criminal ou das autoridades judiciárias[20].

É claro que há limites à actividade dos serviços de informações que decorrem da própria Constituição. Assim, as "escutas telefónicas" – ou, mais rigorosamente, a "ingerência... na correspondência, nas telecomunicações e nos demais meios de comunicação..." – apenas podem ser levadas a cabo no âmbito do processo penal[21] e carecem sempre de mandado de juiz por se "prenderem directamente" com direitos fundamentais[22].

---

[18] Possuem competência genérica a PJ, a GNR e a PSP (artigo 3.º, n.º 1, da Lei n.º 21/ /2000). A PJ, para além disso, possui competência reservada e específica (artigos 3.º, n.º 4, e 4.º). O Serviço de Estrangeiros e Fronteiras, as Autoridades Marítima e Aeronáutica (ou melhor, as respectivas polícias que, no segundo caso, não existem) e o órgão de investigação com competência fiscal dependente do Ministério das Finanças possuem competência específica.

[19] As noções de órgão e de autoridade de polícia criminal situam-se, no Código de Processo Penal de 1987, num plano puramente abstracto – cfr. artigo 1.º, n.º 1, alíneas b) e c). Em norma alguma se refere a PJ ou qualquer outra polícia.

[20] Cfr. o já citado artigo 3.º, n.os 1, 2 e 3, da Lei Orgânica do SIS (vide, supra, notas 4 e 5).

[21] Essa restrição resulta, directamente, do n.º 4 do artigo 34.º da Constituição.

[22] A intervenção directa de juiz é requerida pelo n.º 4 do artigo 32.º da Constituição (e pelo artigo 187.º do Código de Processo Penal).

162 *I Colóquio de Segurança Interna*

Desde 1997, tenho defendido em várias circunstâncias uma revisão deste regime – que terá de começar por uma revisão constitucional –, no sentido de permitir aos serviços de informações que procedam à intercepção de comunicações para prevenirem, nomeadamente, a espionagem, o terrorismo e a criminalidade organizada[23]. Os serviços de informações portugueses encontram-se hoje numa situação de manifesta desvantagem em relação à maioria dos seus congéneres estrangeiros por não poderem recorrer a este meio de actuação. Por outro lado, é ilusório concluir que basta a possibilidade de as intercepções serem levadas a cabo no âmbito a investigação criminal para prevenir actos que ponham em causa a segurança do Estado português – tais actos só podem ser eficazmente prevenidos na sua origem, antes ainda de ganharem consistência como ilícitos criminais.

Uma reforma legislativa neste domínio deve salvaguardar sempre a necessidade de obter autorização do juiz para realizar as intercepções. Uma vez que estamos situados fora do processo penal, essa autorização poderia ser prestada, como tenho vindo a sustentar, numa perspectiva de direito a constituir, por uma comissão de três juízes, nomeados pelo Conselho Superior da Magistratura, da qual poderia depender também a autorização de acções encobertas e que daria, eventualmente, parecer sobre o levantamento do segredo de Estado[24].

Mas, para além das intercepções de comunicações, também são vedados aos serviços de informações quaisquer meios de obtenção de prova e medidas cautelares e de polícia. Assim, os agentes não podem identificar suspeitos, proceder a detenções ou a revistas e buscas e a apreensões[25]. Em substância, apenas podem, por exemplo, proceder a uma detenção em flagrante delito como quaisquer outros cidadãos, na impossibilidade de recorrer aos órgãos de polícia criminal ou às autoridades judiciárias[26].

---

[23] "A produção de informações de segurança ...", *text.cit.*, p. 42 (n. 26); "Terrorismo e insegurança ...", *text.cit.*, p. 107. É claro que só uma revisão constitucional (artigo 34.º, n.º 4) viabilizaria a alteração.

[24] Cfr. "Terrorismo e insegurança ...", *text.cit.*, p. 108 e ss.

[25] *Vide* artigos 171.º e ss. e 248.º e ss. do Código de Processo Penal.

[26] Artigo 255.º, n.º 1 alínea b) do Código do Processo Penal.

Informações e Investigação Criminal

Muito mais complexa é, no entanto, a questão de saber se os serviços de informações podem desencadear acções encobertas. A Ordem Jurídica portuguesa apenas prevê acções encobertas no contexto da investigação criminal e com intervenção, directa ou indirecta, da Polícia Judiciária[27]. Ainda assim, tais acções devem ser admitidas em termos restritivos: para além de se confinarem a um "catálogo de crimes", estarem subordinadas a requisitos de necessidade, adequação e proporcionalidade e não autorizarem o recurso ao "agente provocador", tais acções só podem ser admitidas em homenagem a necessidades preventivas. Assim, crimes tendencialmente irrepetíveis são incompatíveis com as acções encobertas, desde logo porque tais acções, prefigurando um meio de prova enganoso e atentatório da integridade moral, não podem encontrar a sua justificação constitucional e legal apenas através das necessidades de recolha de prova[28].

Não se deve concluir, porém, que as acções encobertas são pura e simplesmente proscritas no âmbito da actividade dos serviços de informações. Uma tal conclusão seria dramática para uma actividade que, em boa medida, se baseia na "acção encoberta": por exemplo, os conceitos de "espionagem" e "contra-espionagem" são indissociáveis da ideia de acção encoberta. Abstraindo do recurso a fontes abertas, que não pode ser menosprezado nas sociedades contemporâneas e permite, por si mesmo, prevenir muitas actividades delituosas, as acções encobertas constituem um meio imprescindível para produzir informações.

É certo que poderemos utilizar a locução "acção encoberta" numa acepção ampla que não colide com o seu sentido técnico-processual. Nada obsta, como é óbvio, a que um agente de um serviços de informações dissimule a sua identidade para recolher dados sobre uma organização terrorista ou obtenha informações através de um membro dessa organização. O problema só se coloca, verdadeiramente, quando esse agente, por hipótese, tiver de praticar actos preparatórios ou executivos de um crime para prevenir uma ameaça à segurança interna. Uma vez que a lei apenas concede o

---

[27] Cfr. artigo 1.º, n.º 2, da Lei n.º 101/2001.

[28] Defendo esta orientação restritiva em "O 'agente encoberto' na Ordem Jurídica Portuguesa", *Medidas de Combate à Criminalidade Organizada e Económico-Financeira*, CEJ, 2004, p. 11 e ss.

164 *I Colóquio de Segurança Interna*

benefício da impunidade aos agentes da Polícia Judiciária ou aos terceiros que com eles colaborem na investigação criminal[29], como podem os agentes dos serviços de informações eximir-se de responsabilidade penal?

A actuação de um agente encoberto que pratique actos executivos – ou actos preparatórios puníveis[30] – de crimes pode ser justificada, nos termos gerais, por legítima defesa, pelo direito de necessidade ou mesmo através de causas de exclusão da ilicitude supralegais como a defesa preventiva ou o estado de necessidade defensivo[31]. Se, por exemplo, um agente do serviço de informações só puder conquistar a confiança de uma organização terrorista e prevenir a perpetração de atentados fornecendo-lhe documentos falsos, a sua actuação será justificada por direito de necessidade. Na verdade, de acordo com uma ponderação dos interesses conflituantes, concluir-se-á que o agente realiza um interesse manifestamente superior àquele que pretere[32].

Já no plano processual a questão se deve pôr em diferentes termos. Assim, apesar de vigorar na nossa Ordem Jurídica o princípio

---

[29] Artigo 6.º, n.º 1, da Lei n.º 101/2001.

[30] Apesar de valer como regra a impunibilidade dos actos preparatórios (artigo 21.º do Código Penal), essa regra é derrogada, nomeadamente, no âmbito de vários crimes contra o Estado (artigo 344.º), crimes de falsificação (artigo 271.º) e crimes de perigo comum (artigo 274.º). Por outro lado, os crimes de associação criminosa podem ser considerados, materialmente, incriminações autónomas de actos preparatórios de outros crimes (artigos 299.º do Código Penal e 28.º do Decreto-Lei n.º 15/93, de 22 de Janeiro, com a redacção que lhe foi dada pela Lei n.º 45/96, de 3 de Setembro – "Lei da Droga"). No domínio do terrorismo, não só se prevê como crime autónomo a criação de organizações como também se punem os actos preparatórios dessa própria criação – cfr. o n.º 4 do artigo 2.º da Lei n.º 57/2003.

[31] A defesa preventiva refere-se a situações em que a agressão vai ser desencadeada no futuro mas a defesa só é eficaz se executada antecipadamente. O estado de necessidade defensivo refere-se a intromissões objectivas na esfera jurídica individual que não se possam considerar agressões (voluntárias), como sucederá, por exemplo, com a conduta de um sonâmbulo. Em ambos os casos, usando um critério de ponderação intermédio relativamente à legítima defesa e ao direito de necessidade (artigos 32.º e 34.º do Código Penal e 337.º e 339.º do Código Civil), se permite que o agente sacrifique bens jurídicos de valor igual ou inferior ao daqueles que salvaguarda. Ver, com desenvolvimento, MARIA FERNANDA PALMA, *A Justificação por Legítima Defesa como Problema de Delimitação de Direitos*, 1990, II vol., *passim*.

[32] Isto é, actuará ao abrigo do direito de necessidade e o facto será justificado nos termos do artigo 34.º do Código Penal.

segundo o qual são permitidas todas as provas não proibidas[33], deve considerar-se que a violação de regras essenciais sobre os meios de obtenção de prova consubstancia uma verdadeira proibição de prova. A prova produzida nesses termos não é utilizável e os actos processuais que a admitam ou valorem devem ter-se por insanavelmente nulos[34]. Ora, sendo regulada em termos precisos a prova obtida através das acções encobertas no processo penal, deve concluir-se que *outras* acções encobertas não podem ser valoradas.

O agente encoberto dos serviços de informações não transpõe a porta do processo penal. A sua acção, admitida restritivamente quando se possa considerar justificada nos termos gerais de Direito, pode desencadear a investigação criminal – mediante a transmissão, obrigatória, da notícia de crimes aos órgãos de investigação criminal –, mas não pode servir, em si mesma, como meio de prova.

Ante o exposto, é razoável, porém, concluir que constituiria melhor solução o legislador prever – em termos necessariamente sintéticos – as acções encobertas levadas a cabo pelos serviços de informações. O silêncio, nesta matéria, pode gerar um de dois efeitos indesejáveis: ou a anomia e a desprotecção do Estado ante ameaças da maior relevância à sua segurança interna e externa; ou a tentação de interpretar o silêncio como uma autorização para tudo fazer (desde que isso não seja "descoberto").

O mundo dos serviços de informações não é feito de cristais e não há transparência sobre acções cobertas pelo segredo de Estado. Porém, deve haver clarificação sobre o estatuto, as finalidades, as competências, os modos de actuação e os meios de fiscalização dos serviços. Isso é corolário do Estado de direito democrático e condição de tutela dos direitos, liberdades e garantias dos cidadãos, mas é também do interesse dos serviços de informações. Sem a confiança da comunidade (que pressupõe, em primeiro lugar, o reconhecimento da necessidade de existência), os serviços de informações não podem cumprir as missões que lhes estão confiadas.

---

[33] Cfr. artigo 125.º do Código de Processo Penal.

[34] Sobre as proibições de prova e o seu regime, ver GERMANO MARQUES DA SILVA, *Curso de Processo Penal*, II, 1993, p. 101 e ss., e, com muito desenvolvimento, MANUEL DA COSTA ANDRADE, *Sobre as proibições de prova em processo penal*, 1992, *passim*.

7. Encaremos, por fim, a questão do relacionamento entre o segredo de Estado e o segredo de justiça.

Previsto no Código de Processo Penal e na Lei Quadro do SIRP em termos idênticos[35], o segredo de Estado beneficia de um regime mais protectivo do que o segredo profissional e o próprio segredo religioso. Na verdade, a lei prevê que o segredo profissional e o segredo religioso podem ser invocados ilegitimamente, podendo então a autoridade judiciária perante a qual forem invocados compelir a testemunha a depor. É o que sucederá, por exemplo, se um advogado, um médico, um jornalista ou um padre se pretenderem eximir a depor sobre um facto estranho às suas actividades. No caso de o segredo profissional ser legitimamente invocado, só o tribunal superior (usualmente a Relação) pode obrigar a testemunha a depor, depois de ouvir o organismo representativo da classe (por exemplo, a Ordem dos Médicos, a Ordem dos Advogados ou o Sindicato dos Jornalistas), por entender que o interesse na realização da justiça é, no caso concreto, superior ao interesse na preservação do segredo, tendo em conta a gravidade do crime, as necessidades preventivas e o sucesso da investigação. Já o segredo religioso, no caso de ser legitimamente invocado, não pode ser quebrado, por o legislador atribuir à liberdade religiosa um valor "imponderável"[36].

O segredo de Estado beneficia de uma tutela ainda mais intensa do que o segredo religioso. Com efeito, sempre que ele seja invocado, é o Governo – através do Primeiro Ministro ou do Ministro da Justiça – que o deve confirmar. Assim, a última palavra sobre a razão de Estado pertence sempre ao Executivo e não ao poder judicial, quer haja dúvidas sobre a legitimidade do segredo, quer se entenda que ele surge em conflito com outros interesses da maior relevância – como, por exemplo, as garantias de defesa, numa situação em que um arguido só pode provar a sua inocência se o segredo de Estado for quebrado.

---

[35] Em ambos os casos, a última palavra é do Executivo, embora no Código de Processo Penal através do Ministro da Justiça (artigo 137.º, n.º 3) e na Lei Quadro do SIRP através do Primeiro-Ministro (artigo 33.º, n.º 2) – cfr. *supra*, nota 6.

[36] Cfr. o artigo 41.º, n.º 1, da Constituição. O n.º 1 prescreve que a liberdade de consciência, de religião e de culto é inviolável e o n.º 3 determina que ninguém pode ser questionado acerca das suas convicções ou prática religiosa (por qualquer autoridade e ressalvando a recolha de dados estatísticos).

A constitucionalidade deste regime pode ser questionada, designadamente à luz dos princípios a separação e interdependência de poderes, da reserva de função jurisdicional e das próprias garantias de defesa. Assim, pode pretender-se que a última palavra deveria pertencer aos tribunais e não ao Governo. Porém, à luz da própria separação e interdependência de poderes, não parece dever ser o poder judicial o guardião do segredo de Estado: em primeiro lugar, os tribunais não conduzem as políticas de segurança e defesa, estando afastados das suas necessidades; em segundo lugar, o que se tem verificado em relação ao segredo de justiça faz temer que os tribunais no seu conjunto não fossem capazes de preservar o segredo de Estado.

Mais adequado seria, sem retirar a última palavra ao executivo, conferir a um conselho de juízes (o já referido Conselho de Fiscalização que dependeria do Conselho Superior da Magistratura) a competência para dar parecer sobre o levantamento do segredo de Estado. Desse modo, não se poderia dizer que o executivo dispõe de um poder absoluto e incontrolado, podendo prevalecer-se do segredo de Estado, no limite, para dissimular ilícitos criminais.

De todo o modo, o sistema vigente pode resumir-se assim com simplicidade: o segredo de Estado cessa quando os serviços de informações transmitem aos órgãos de polícia criminal ou às autoridades judiciárias as notícias de crimes. Aliás, estão obrigados a fazê-lo, como anteriormente se viu. Nessa circunstância, os factos comunicados podem ser envolvidos, nos termos gerais, pelo segredo de justiça. O problema mais complexo coloca-se quando, após o termo do inquérito ou da instrução do procedimento criminal, conforme os casos [37], passa a valer a regra da publicidade. Nesse momento, tornam-se universalmente acessíveis os factos comunicados pelos serviços de informações. Uma solução diversa, numa perspectiva de direito a constituir, só se alcançaria se se consagrasse uma restrição ao princípio da publicidade.

Estando os serviços de informações obrigados a comunicar a prática de ilícitos criminais aos órgãos de polícia criminal ou às autoridades judiciárias [38], a sua cooperação não se restringe a tal

---

[37] Cfr. artigo 86.º, n.º 1, do Código de Processo Penal e, *supra*, nota 6.

[38] Em rigor, o n.º 3 do artigo 32.º da Lei Quadro do SIRP apenas prevê o dever de comunicar crimes contra o Estado. O n.º 4 do mesmo artigo contempla a possibilidade de o

comunicação. Na verdade, os serviços de informações transmitem, por exemplo, relatórios de carácter mais geral (por exemplo, sobre o *modus operandi* de organizações terroristas ou sobre as rotas usadas por associações dedicadas ao tráfico de droga) que interessam à prevenção e à repressão criminais, a par de outros de cunho político (não, evidentemente, político-partidário, mas relevante, por exemplo, para a definição das políticas económica, diplomática ou militar, como sucederá, por exemplo, com um relatório sobre investimento estrangeiro nos sectores imobiliário ou financeiro). Os relatórios devem sempre ter como destinatário o membro do Governo responsável pelos serviços de informações (e apenas ele ao nível político, para evitarem curto-circuito) e, quando tiverem interesse para a prevenção e repressão criminais, os órgãos de polícia criminal e as autoridades judiciárias – *rectius*, o Ministério Público que é o titular da acção penal [39].

Mas também se coloca, evidentemente, a questão de saber em que termos podem os órgãos de polícia criminal e as autoridades judiciárias cooperar com os serviços de informações. E a questão coloca-se com acuidade, sobretudo porque as polícias (incluindo as responsáveis pela cobertura do território) dispõem de um vasto manancial de dados potencialmente relevantes para a segurança e a defesa do Estado.

A Ordem Jurídica responde a este problema consagrando um dever genérico de cooperação de organismos públicos com os serviços de informações [40]. O segredo de justiça, contudo, restringe este dever de cooperação. Na verdade, os órgãos de polícia criminal e as autoridades judiciárias não podem, em princípio, transmitir elementos de processos abrangidos pelo segredo de justiça. Ainda assim, deve

---

Primeiro-Ministro retardar a comunicação, a título excepcional e mediante despacho, no caso de a informação pôr em causa a segurança do Estado (e pelo tempo necessário a que a segurança seja salvaguardada). Todavia, mesmo que não estejam em causa crimes contra o Estado, os agentes dos serviços de informações têm o dever de comunicar quaisquer crimes de que tenham conhecimento no exercício das suas funções e por causa delas, por força da alínea b) do n.º 1 do artigo 242.º do Código de Processo Penal.

[39] Artigo 219.º, n.º 1, da Constituição.

[40] Cfr. artigo 7.º da Lei Orgânica do SIS e artigo 7.º da Lei Orgânica do SIED(M). O dever é reforçado no caso de se tratar de Serviços e Forças de Segurança, por força do n.º 2 de ambos os artigos.

Informações e Investigação Criminal 169

entender-se que certas informações, relevantes para a segurança e a defesa, devem ser transmitidas, não para efeitos de investigação criminal (vedada aos serviços de informações) mas sim para continuar a produzir informações de segurança ou de defesa. De resto, esta conclusão é até favorecida pela circunstância, já referida, de o regime do segredo de Estado ser mais protectivo do que o regime do segredo de justiça (sem prejuízo de os agentes dos serviços de informações ficarem sujeitos ao próprio segredo de justiça se tiverem contacto e tomarem conhecimento de elementos processuais[41]).

Tanto a violação do segredo de Estado como a violação do segredo de justiça constituem crimes. Trata-se de crimes públicos e comuns (podem ser praticados por qualquer pessoa), embora o primeiro, punido com maior severidade, seja objecto de agravação quando cometido por funcionário[42]. No entanto, ambos suscitam grandes dificuldades que os tornam quase impuníveis. O primeiro requer a prova, praticamente impossível, de criação de perigo concreto[43]. O segundo exige que se prove que o agente do crime, cumulativamente, teve contacto com o processo e tomou conhecimento de elementos dele constantes – ou, em alternativa, comparticipa num crime em que alguém está nessas condições. Ora, tendo em conta que o arguido beneficia do direito ao silêncio, essa prova não é viável na generalidade dos casos[44].

---

[41] O n.º 4 do artigo 86.º do Código de Processo Penal exige, cumulativamente, o contacto com o processo e o conhecimento dos seus elementos, o que dificulta muito a perseguição do crime.

[42] Mais rigorosamente, no crime de violação do segredo de Estado, a pena é agravada para prisão de 3 a 10 anos (nos restantes casos vai de 2 a 8 anos), quando o agente violar dever especificamente imposto pelo estatuto da sua função ou serviço ou da missão que lhe foi conferida por autoridade competente (artigo 316.º, n.ºs 1, 2 e 3, do Código Penal). A violação do segredo de justiça é punível com prisão até 2 anos ou com multa até 240 dias (artigo 371.º, n.º 1, do Código Penal).

[43] Vide O dolo de perigo, op.cit., p. 30 e ss.

[44] O arguido beneficia, para além do direito ao silêncio, da presunção de inocência (artigo 32.º, n.º 2, da Constituição), sendo quase impossível, assim, provar que tomou contacto com o processo ou é comparticipante de alguém que teve esse contacto. Na realidade, o conhecimento de elementos processuais pode ter sido fortuito (conversa casual, carta anónima, etc. ...). Por outro lado, mesmo que se trate de testemunha, pode recusar-se a responder alegando que das suas respostas pode resultar a responsabilização penal (artigo 132.º, n.º 2, do Código de Processo Penal, que contém soluções similares à da 5.ª Emenda à Constituição dos E.U.A.), o que conduz a idêntico resultado.

A ACÇÃO PENAL CATAPULTA DA SEGURANÇA INTERNA?

Maria Cândida Guimarães Pinto de Almeida *

O subtema que me foi proposto discutir aqui e agora tem o título sob a forma interrogativa de *"acção penal catapulta da segurança interna?"*

No momento em que o Sr. Comissário Valente me lançava o desafio, a resposta que instintivamente, de imediato, se projectou na minha mente foi negativa, a acção penal não é, nem pode ser vista, como catapulta da segurança interna. Pelo menos, nos termos em que foi lançada, sem mais, sem qualquer outra asserção complementar. Senti como que um apelo securitário na frase que rejeito para a acção penal e para a segurança interna de um Estado de direito democrático. O binómio, tal como proposto, não me agrada pela carga securitária que, pelo menos na minha interpretação, arrasta e compreende.

Porém, as coisas da vida não são assim tão simplistas. O encadeado e complexidade dos conceitos, quer do ponto de vista socioló-gico, quer do ponto de vista político ou jurídico, as vivências colecti-vas e individuais, as ideias e convencimentos acriticamente dados por assentes, não discutidos e equacionados, impõe-nos uma reflexão e análise da semântica das palavras e do conteúdo dos conceitos jurídicos utilizados pelo legislador, numa tentativa de fixar, com a clareza possível, do que estamos a falar. Só então poderei concluir e responder à questão que me foi colocada. A acção penal é catapulta da segurança interna?

Decantando a frase, importa primacialmente apreender o signifi-cado de catapulta.

---

* Directora do Departamento de Investigação e Acção Penal

No dicionário Houaiss da Língua Portuguesa, do Instituto António Houaiss de Lexicografia de Portugal, encontro a definição de catapulta como máquina de guerra destinada a lançar sobre o inimigo pedras, dardos ou outros projécteis de grande tamanho, o que obviamente não tem aqui aplicabilidade. Relevante é, sim, o significado de catapultar como *"projectar"*, *"fazer progredir, levantar"*, permitindo-nos, assim, fixar o sentido de catapulta que ora nos interessa, como meio de projectar, fazer progredir, alavanca, enfim.

Por outro lado, a acção penal, tal como vem definida nos "Conceitos Estatísticos"... do Ministério da Justiça, [1] é a *"actividade processual do Ministério Público para obter do Juiz uma decisão sobre a pretensão punitiva do Estado"*. Porém, entende o Professor Germano Marques da Silva [2] que *" Não é unívoco o conceito de acção penal. Umas vezes equivale a processo – e será o seu sentido mais amplo –, outras a promoção da actividade judicial no processo – e será o seu sentido mais restrito –, e outras ainda corresponderá à mera prossecução da actividade processual."*

Porém, não interessa, porque irrelevante à discussão que prosseguimos, escalpelizar o conceito rigoroso de <u>acção penal</u>, uma vez que seja utilizado em termos amplos quer o seja em sentido restrito, o que convém fixar é que a acção penal se exerce numa fase processual penal, no qual se investiga já a existência de crime e os seus autores, tendo em vista a dedução pelo Ministério Público de uma acusação.

Finalmente,

O conceito de Segurança Interna vem contemplado e definido na Lei de Segurança Interna, aprovada pela Lei n.º 20/87, de 12 de Julho, alterada pela Lei n.º 8/91, de 1 de Abril, em cujo artigo 1º, n.º 1, se estabelece que:

"1 – A segurança interna é a actividade desenvolvida pelo Estado para garantir a ordem, a segurança e a tranquilidade públicas, proteger pessoas e bens, prevenir a criminalidade e contribuir para assegurar o normal funcionamento das instituições democráticas, o regular exercício dos direitos e liberdades fundamentais dos cidadãos e o respeito pela legalidade democrática."

---

[1] http://www.gplp.mj.pt/estjustica/metainforma
[2] Curso de Processo Penal, 1996,

Da leitura do preceito resulta que o legislador, para a definição do conceito de segurança interna, faz apelo a outros conceitos, cuja significância e interpretação que delas se faz importa contextualizar, ainda que de forma genérica e perfunctória:

Em que termos, com que conteúdo e dimensão são utilizadas as expressões "*ordem e segurança públicas*" num Estado de direito democrático, como o nosso, em que a Segurança é erigida a direito fundamental do cidadão, para além de constituir uma das tarefas fundamentais do Estado, como resulta do Art.º 9º alínea b) da CRP?

José Ferreira de Oliveira,[3] afirma que "*quase todos os ramos do direito evocam a noção de ordem pública, mas sem procederem a definições.*"

Concomitantemente, a Doutrina e a Jurisprudência procuram estabelecer um conceito mínimo e consensual que permita ao intérprete alcançar o objectivo do legislador.

Acompanhando o Autor citado, refiro, a título de exemplo, o entendimento de Galvão Telles para quem a ordem pública é "*representada pelos superiores interesse da comunidade*"[4] ou o de Mota Pinto que afirma ser a ordem pública o "*conjunto dos princípios fundamentais subjacentes ao sistema jurídico, que o Estado e a sociedade estão substancialmente interessados em que prevaleçam e que têm uma acuidade tão forte que devem prevalecer sobre as convenções privadas*"[5].

Para Jorge Miranda, a ordem pública consiste no "*conjunto das condições externas necessárias ao regular funcionamento das instituições e ao pleno exercício dos direitos individuais(...)*"[6] concluindo que "*o conceito de ordem pública e de segurança interna se entrecruzam sem se confundirem, num duplo nível prático e normativo convergindo para a ordem constitucional democrática*".

Sousa Franco define a ordem pública como "*um conjunto de requisitos extra-jurídicos, porventura pré-jurídicos, mas não alheios ao jurídico, sem os quais não poderão funcionar as instituições do*

---

[3] "A Manutenção da Ordem Pública em Portugal", ISCPSI, 2000, Pg. 7

[4] "Direito das Obrigações, 5.ª ed., pg. 44

[5] Teoria Geral do Direito Civil, 3.ª ed., pg. 551

[6] "A Ordem pública e os direitos fundamentais. Perspectiva constitucional" in Revista de Polícia Portuguesa, n.º 88, Julho/Agosto, 1994, pg. 5

Estado e da sociedade civil e não poderiam ter efectivação concreta os direitos da pessoa.(...)." [7]

O S.T.A., em Acórdão de 4 de Junho de 1992, [8] definiu ordem pública como "o conjunto de condições que permitem o desenvolvimento da vida social com tranquilidade e disciplina, de modo que cada indivíduo possa desenvolver a sua actividade sem terror ou receio"

José Ferreira de Oliveira, [9] à procura de um conceito de ordem pública, cita ainda Maurice Hauriou, [10] que considera que a *"ordem pública é a ordem material e exterior considerada como um estado oposto à desordem, isto é, uma situação de paz pública oposta a uma situação de alterações à ordem ou insegurança"*, enquanto outros autores, entendem-na como o conjunto de factores externos necessários ao regular funcionamento das instituições e ao exercício dos direitos individuais, tais como a tranquilidade, a segurança e a salubridade pública. Assim, Dominique Turpin [11] escreve que a ordem pública compreende:

1. A **tranquilidade pública**, que engloba a luta contra as rixas, os tumultos, os ruídos, etc;
2. A **segurança pública** que implica tudo o que diz respeito à comodidade do trânsito nas ruas, praças e vias públicas, compreendendo ainda a limpeza das ruas, a sua iluminação, etc;
3. A **salubridade pública** que implica tudo o que diz respeito à salubridade dos produtos comestíveis que se vendem ao público, tudo o que diz respeito às inspecções sanitárias, etc.

Defende este autor, afinal, que a passagem do Estado liberal para um Estado mais interventor e interveniente *"traduz-se no alargamento da noção de ordem pública e das suas exigências a numerosos domínios, que vão muito além do seu núcleo tradicional, podendo falar-se, nomeadamente de uma ordem pública económica, sanitária, moral e estética"* [12].

---

[7] "Revista de Polícia Portuguesa", ano LVI, Série n.º 81, Maio/Junho 1993, pg. 27.

[8] processo 29379

[9] Ob.cit, pag. 17

[10] "Précis de Droit Administratif et de Droit Public, 1938, pg. 511.

[11] "La police Administrative"DFPN, Clermont Ferraud, 1996.

[12] Cfr José Ferreira de Oliveira, ob cit , pg 18

O Tenente-Coronel Armando Carlos Alves,[13] constatando e reafirmando a amplitude e ambiguidade da expressão terminológica de ordem pública, recupera a noção recorrentemente utilizada na Ordem Jurídica, "entendida como sendo o conjunto das leis, preceitos e regras que proporcionam a segurança da sociedade, que garantem a disciplina política e social, a tranquilidade e o sossego público: e que têm a ver com a ausência de tumultos, de manifestações ruidosas. Os governos providenciam para que haja ordem pública. As polícias velam pela manutenção da ordem pública".

António Francisco de Sousa[14] define a ordem pública como "*o conjunto das normas que, segundo a opinião dominante, são indispensáveis a uma vida colectiva em paz e harmonia das pessoas, ficando excluídas as normas jurídicas.*"

Perante esta aparente diversidade de conceptualizações jurisprudenciais e doutrinais acabadas de citar, haverá que concluir que a noção de ordem pública é susceptível de várias acepções, considerando a matéria jurídica visada, e tem um carácter evolutivo e variável, consoante a tradição político-jurídica de cada País, variando o seu conteúdo de Estado para Estado, como escreve Pedro José Lopes Clemente[15]. No entanto, e retornando a José Ferreira de Oliveira[16], "*Num regime democrático, o conteúdo da ordem pública é determinado pelo fim último dessa sociedade que, neste caso, é a pessoa, a sua liberdade, a sua felicidade e o seu bem-estar*". E a propósito da consagração deste objectivo, no Art.º 9.º da CRP, o mesmo autor afirma e bem, que "*numa sociedade democrática a ordem pública é limitada no seu conteúdo e dirigida no sentido da protecção dos direitos liberdades e garantias*". E mais adiante, conclui que "*A liberdade não pode sobreviver sem a ordem pública, mas é a liberdade que estabelece limites à ordem pública relativamente aos fins e aos meios a utilizar para manter essa mesma ordem democrática*".

---

[13] "Fins do Estado, segurança interna e ordem pública" em " Pela Lei Pela Grei"- Lisboa, Guarda Nacional Republicana, D.I 1989-n.º 1

[14] Função Constitucional da Polícia, Revista do Ministério Público, ano 24.º, Julho-Setembro 2003, n..º 95,pg 29

[15] "Da polícia de ordem pública"- dissertação de mestrado de estratégia- Governo Civil do Distrito de Lisboa, pg 113

[16] ob citada, pg 23

176 — I Colóquio de Segurança Interna

Por outro lado, o conceito de segurança pública a que se reporta a noção de segurança interna é, como defende António Francisco Sousa[17], um conceito amplo, jurídico e sócio-político. *"Trata-se de um direito (fundamental) de todo o cidadão a uma convivência pacífica e democrática, numa ordem jurídica, económica e social justa. A segurança envolve pois o Estado, as suas instituições e, em geral, toda a sociedade (...)"* E, adiante, acrescenta : *"O cidadão é credor, individualmente e como membro da sociedade, face ao Estado, de um estado de segurança, que lhe permita exercer livremente os seus direitos e liberdades, para assim poder desenvolver livremente a sua personalidade(...) Por conseguinte, o moderno conceito de segurança pública, não deve ser, como o tradicional, restritivo e limitador, mas amplo e dinâmico de modo a facilitar e a apoiar o exercício dos direitos e liberdades dos cidadãos. A segurança pública deve corresponder a uma situação social caracterizada pela pacífica convivência e confiança mútuas que proporcione e facilite o livre e pacífico exercício dos direitos e liberdades (individuais e sociais) dos cidadãos, bem como o normal funcionamento do Estado e das suas instituições.*

O centro de gravidade da segurança pública não reside no Estado mas no cidadão, individual e colectivamente, pois é para ele que a segurança deve existir".

Com esta precisão das noções e âmbito da ordem e segurança públicas, com particular ênfase para a prevenção da criminalidade como um dos vectores fundamentais em que se decompõe o conceito de segurança interna, tenho de concluir que o espaço e âmbito de intervenção da segurança interna, habita e actua numa fase anterior à do eventual exercício da acção penal, ou seja, a segurança interna assume a configuração de ante-câmara da acção penal, intervém como um filtro de prevenção. No domínio da segurança interna todos os seus actores, procuram, numa actividade preventiva e se se quiser proactiva, garantir a liberdade, a paz, a tranquilidade do cidadão, criando condições para que este exerça, em toda a sua plenitude, os seus direitos e goze a sua liberdade com efectiva protecção, face aos perigos que podem ameaçar o livre exercício dos direitos e liberdades,

---

[17] "Para uma Polícia do Século XXI – Estudos em comemoração dos cinco anos (1995-200) da Faculdade de Direito da Universidade do Porto.

individuais e colectivos, prevenir a criminalidade, bem como garantir e assegurar o normal funcionamento das instituições democráticas. E só quando falham estas chaves de segurança, quando quebradas estas barreiras, violadas as normas jurídicas que protegem os bens jurídicos que um Estado de direito democrático deve e tem de proteger, então, em última ratio e por excepção, há que recorrer ao direito penal e, para o concretizar, em termos de direito constitucional aplicado, intervém o processo penal e, maxime, o exercício da acção penal, porquanto o objectivo último será o de alcançar uma decisão judicial condenatória do culpado da violação do bem jurídico em causa e a absolvição do inocente.

Portanto que, numa primeira conclusão, a acção penal não é catapulta da segurança interna, porque esta precede, poupa, limita e condiciona o exercício da acção penal, última ratio de intervenção do aparelho repressivo, os Tribunais – Art.º 202.º da CRP.

No entanto, como resulta da definição de acção penal, já descrita, esta concretiza-se na actividade processual do Ministério Público para obter do juiz uma decisão sobre a pretensão punitiva do Estado. E, ao pretender-se obter, com a acção penal, uma decisão punitiva, procura-se, ainda que mediata e indirectamente, reforçar e consolidar a segurança interna. Sem esquecer o fim primeiro das penas, a reinserção social do condenado, há a reter que, com elas, se visam também fins de prevenção geral e especial. Com o exercício da acção penal, o Estado reafirma o valor das normas jurídicas violadas, visa a aplicação de uma pena para o autor dessa violação e, sendo célere, na medida do possível e razoável, com a aplicação dessa pena dá-se notícia pública ao condenado e aos potenciais infractores que o crime não compensa, diz o aforismo popular.

Por isso que o Prof. Nuno Severiano Teixeira,[18] ex-Ministro da Administração Interna, escrevendo sobre Política de Segurança Interna, afirma que *"a Segurança é uma questão de Estado, mas, mais do que isso, é um Bem Público. Sem segurança não há desenvolvimento económico. Sem Segurança não há Democracia. Porque contrariamente a um pensamento tradicional que defendia que mais Segurança era igual a menos Liberdade é claro, hoje, que a Segurança é um*

---

[18] Contributos para a política de Segurança Interna, Setembro de 2000 a Março de 2002 – Ministério da Administração Interna.

factor da Liberdade. A Segurança é condição de Liberdade como a Liberdade é condição da Democracia".

Postergada, violada a segurança, através de acto ou actividade criminosa, o seu agente tem de ser, deve ser, perseguido criminalmente, acusado, julgado e condenado, de acordo com as regras processuais penais consagradas na lei ordinária, em perfeita sintonia e rigorosa interpretação das normas constitucionais, que plasmam os direitos fundamentais do cidadão num Estado de direito democrático. Também aqui a acção penal é uma questão de Estado e um Bem Público. Igualmente sem acção penal não há Democracia, porque também o seu exercício contribui para a afirmação da liberdade e o exercício da acção penal, subordinada a estritos normativos processuais penais conformes à Lei Constitucional, orientado pelos princípios da Legalidade, por oposição ao Princípio da Oportunidade, e da igualdade de todo o cidadão perante a Lei (Art.º 13.º da CRP), também ela, acção penal, é condição da Liberdade como Liberdade é condição de Democracia.

Daí que, revisitando a obra de Nuno Severiano Teixeira, subscreva a sua afirmação de que a *"questão da Segurança, ou melhor da insegurança, não é exclusivamente, um problema de polícia. È também um problema de sociedade e de civilização. Um problema que, por isso mesmo, se combate em duas frentes simultâneas e complementares: a prevenção das causas e a repressão das consequências, porque a criminalidade faz vítimas. A questão não pode pois limitar-se às políticas de prevenção e muito menos a um discurso sociológico de compreensão das causas profundas do fenómeno. Tem que se combater as suas consequências e reprimir a criminalidade e a delinquência".*

Recuperando, do estudo de António Francisco Sousa,[19] *"... a segurança pública, como pressuposto indispensável do desenvolvimento das liberdades, está longe de poder ser apenas o resultado da acção policial. Antes, ela pressupõe níveis elevados de real e efectiva coesão e solidariedade sociais. A acção policial neste domínio, embora fundamental, nunca poderá (nem deverá) substituir a acção de outros entes públicos e privados. Todos são chamados a cooperar*

---

[19] Obra citada, pg 365

(Administração Pública em geral, forças de segurança, tribunais, cidadãos, etc.) na enorme e complexa tarefa de realização da segurança pública(...)."

Ao promover a reafirmação do valor da norma jurídica violada, a acção penal colabora no exercício da segurança interna, complementa a sua actividade. Mas só intervém a *posteriori*, nos casos extremos em que não foi possível garantir a segurança interna, no seu âmbito de intervenção por excelência, a fase de prevenção.

Incapaz de conter e impedir a violação do bem jurídico protegido pela lei penal, intervém, numa segunda linha de força, a acção penal.

Então, que poderei concluir, a acção penal não intervém como catapulta da segurança interna, antes a complementa e reafirma o seu valor, como função de prevenção de perigos e da criminalidade, reintegra a sua eficácia e recupera os seus objectivos.

Constituem antes, a segurança interna e a acção penal, interfaces da realização da Democracia num Estado de Direito. E para que isto seja assim, permitam-me ainda, antes de terminar, que sublinhe os diferentes patamares em que se movem, no entanto, a Segurança Interna e a acção penal, no que concerne à dimensão dos direitos fundamentais em que intervêm.

No âmbito da actividade da Segurança Interna procura proteger--se, no imediato, os direitos da vida em colectividade, do exercício da cidadania e só mediatamente, os direitos individuais.

No âmbito do exercício da acção penal, é axioma constitucional e imposição processual penal, que este se exerça no respeito pelos direitos individuais e fundamentais do arguido e, modernamente, na defesa dos direitos da vítima, concretamente considerados e só, mediatamente, se perspectiva a protecção dos direitos da colectividade, enquanto sujeito do direito à paz jurídica e à reafirmação do valor da segurança interna.

O agente de um crime não pode nem deve ser acusado, julgado e punido a todo o custo, mas sim no respeito rigoroso dos seus direitos fundamentais enquanto ser humano, ao qual é ínsita a dignidade humana, direitos esses plasmados na CRP, nos instrumentos de direito internacional e no direito processual penal de qualquer Estado democrático de direito.

Daí que Segurança Interna, Liberdades e Direitos fundamentais do cidadão não sejam conceitos antinómicos num verdadeiro Estado de direito democrático. Ajustam-se e complementam-se. São fases da mesma face de uma verdadeira Democracia.

Ambas, Segurança Interna e Acção Penal, movem-se em parâmetros de legalidade e respeito pelos direitos fundamentais do cidadão. A segurança interna, no âmbito da informação, prevenção e manutenção da paz pública. A acção penal, no âmbito da repressão da violação dos direitos jurídico-penalmente protegidos. Ambas subordinadas e limitadas aos comandos legais estatuídos na CRP e na Lei Ordinária.

Aliás, adaptando ao binómio "segurança interna – acção penal", a asserção do Sr. General José Manuel da Silva Viegas[20], expressa enquanto Comandante Geral da GNR, a propósito da polícia e binómio liberdade-segurança, Segurança Interna e Acção Penal estão obrigados a uma dupla exigência, de velar pela segurança dos cidadãos, sem perturbar o exercício dos seus direitos.

Por fim, não posso deixar de fazer aqui uma advertência face aos acontecimentos de onze de Setembro de 2001 e onze de Março de 2004, respectivamente nos E.U.A e em Espanha. Falo do terrorismo.

A luta contra o terrorismo não pode justificar a violação dos direitos fundamentais do cidadão, posto que o terrorismo se combata essencialmente pela eliminação das causas e, relativamente à sua acção, através da optimização da informação e da prevenção, ao fim e ao cabo no âmbito da Segurança Interna e Internacional. Mas não se pretenda transferir esta luta, legítima, necessária e essencial, para o domínio do arbítrio e do terrorismo de Estado, em que os fins justificam os meios, deslocando a acção penal, com todos os requisitos e exigências constitucionais e processuais penais, no que concerne aos direitos fundamentais do arguido, para o âmbito de uma Segurança Interna sem parâmetros de legalidade e de subordinação aos direitos humanos consagrados nos textos internacionais e nacionais que regem e comandam o Direito dos países democráticos e humanistas.

A diferença entre os Países de Direito Democrático que lutam contra o terrorismo e os terroristas radica na superioridade ética daqueles e na utilização de meios respeitadores dos direitos humanos, face à barbárie e ausência de valores e princípios dos terroristas. Essa

---

[20] "Estudos e Artigos" – Seminário Internacional- Direitos Humanos e Eficácia Policial. Os Direitos Fundamentais e o Direito dos Cidadãos à Segurança.

será a nossa força moral, a nossa vantagem ética da tolerância. Sem ela, seremos todos iguais: terroristas, violadores dos princípios universais do Humanismo que através das páginas da história da civilização, lenta mas persistentemente, o Ser Humano sonhou, arquitectou e esculpiu nos instrumentos internacionais e nas Leis Fundamentais de cada Estado de direito democrático.

Atente-se na Jurisprudência do Tribunal Europeu dos Direitos Humanos, referenciada e acolhida no âmbito do Conselho da Europa, pelo Comité de peritos sobre as técnicas especiais de investigação em relação com os actos de terrorismo[21] e que, em síntese, reafirma a essencialidade do respeito pelos direitos fundamentais do ser humano, mesmo na luta contra o terrorismo.

O Tribunal Europeu reconhece, perante a extensão do terrorismo na sociedade moderna, a necessidade dum justo equilíbrio entre a defesa das instituições da democracia, no interesse comum, e a salvaguarda dos direitos individuais. A utilização de técnicas especiais de inquérito em matéria de terrorismo pressupõe o respeito dos direitos garantidos pela Convenção Europeia dos Direitos Humanos, afirma-se naquele relatório, produzido em Setembro de 2003, o qual determinou, sublinho, determinou, que o Conselho de Ministros do Conselho da Europa constituísse um novo Comité para redigir uma recomendação sobre a utilização das técnicas especiais de investigação no inquérito com respeito pelos Direitos Humanos.

Ora, estas técnicas especiais só são utilizadas no âmbito do exercício da acção penal e nunca na fase preventiva da segurança interna.

Enfim, concluindo

A acção penal não é catapulta da segurança interna, antes, segurança interna e acção penal são vertentes de um mesmo objectivo de um Estado de Direito Democrático:

- A paz social,
- A tranquilidade pública,
- A qualidade de vida e bem estar social que permitam o exercício pleno e concreto da cidadania.

---

[21] 3.ª Reunião de Estrasburgo, 22-24 de Setembro de 2003, elativa a actividades sobre as técnicas especiais de investigação em relação com os actos de terrorismo, pg 13 e segs.

No pleno e rigoroso respeito dos direitos humanos dos cidadãos aos quais a constituição da República Portuguesa reconhece os direitos ínsitos à dignidade da pessoa humana.

Muito Obrigada

Lisboa, 18 de Novembro de 2004

MARIA CÂNDIDA GUIMARÃES PINTO DE ALMEIDA

Encerramento

Mesa de Honra

Director Nacional Adjunto
Superintendente Chefe ANTÓNIO HERLANDER CHUMBINHO

Director ISCPSI
Superintendente-Chefe ALFREDO JORGE G. FARINHA FERREIRA

Coordenador do Colóquio
Comissário MANUEL VALENTE

Deputado à Assembleia da República
VITALINO CANAS

Conferência de Encerramento

Princípio da proibição do excesso e polícia
Mestre VITALINO CANAS

PRINCÍPIO DA PROIBIÇÃO DO EXCESSO E POLÍCIA [1]

Constituição da República Portuguesa de 1976

ARTIGO 272.º
(Polícia)

1. A polícia tem por funções defender a legalidade democrática e garantir a segurança interna e os direitos dos cidadãos.

2. As medidas de polícia são as previstas na lei, não devendo ser utilizadas para além do estritamente necessário.

3. (...)

4. (...)

Código Deontológico do Serviço Policial, cuja aprovação foi "registada" pela Resolução do Conselho de Ministros n.º 37/2002

«ARTIGO 8.º
Adequação, necessidade e proporcionalidade do uso da força

1 – Os membros das forças de segurança usam os meios coercivos adequados à reposição da legalidade e da ordem, segurança e tranquilidade públicas só quando estes se mostrem indispensáveis, necessários e suficientes ao bom cumprimento das suas funções e estejam esgotados os meios de persuasão e de diálogo.

2 – Os membros das forças de segurança evitam recorrer ao uso da força, salvo nos casos expressamente previstos na lei, quando este se revele legítimo, estritamente necessário, adequado e proporcional ao objectivo visado.

---

[1] Conferência proferida no I colóquio de segurança interna do Instituto Superior de Ciências Policiais e Segurança Interna, em 18 de Novembro de 2004. Foi revista em Abril de 2005.

188   *I Colóquio de Segurança Interna*

3 – Em especial, só devem recorrer ao uso de armas de fogo, como medida extrema, quando tal se afigure absolutamente necessário, adequado, exista comprovadamente perigo para as suas vidas ou de terceiros e nos demais casos taxativamente previstos na lei.» [2]

Introdução

O relevo conferido a estes dois preceitos na abertura deste ensaio deve-se a que eles mostram um grande consenso sobre a estrita sujeição da actividade de polícia ao princípio da proporcionalidade (que temos preferido designar por princípio da proibição do excesso).

---

[2] Conforme consta do preâmbulo da Resolução 37/2002, este Código Deontológico foi adoptado, no exercício de auto-regulação deontológica, pelos próprios agentes das forças de segurança, tendo resultado da iniciativa e autoria de várias associações representativas do pessoal das forças de segurança, em colaboração ulterior com representantes da Direcção Nacional da Polícia de Segurança Pública, do Comando-Geral da Guarda Nacional Republicana, da Inspecção-Geral da Administração Interna e dos Gabinetes dos membros do Governo. Vale a pena transcrever alguns dos considerandos:

«Considerando que a Constituição incumbe as forças de segurança de defender a legalidade democrática e garantir a segurança interna e os direitos dos cidadãos, bem como determina que as medidas de polícia prescritas na lei não devem ser utilizadas para além do estritamente necessário;

Considerando os princípios fundamentais, ínsitos no artigo 266.º da lei fundamental, que norteiam a actuação dos órgãos e agentes administrativos de prossecução do interesse público no respeito pelos direitos e interesses legalmente protegidos dos cidadãos;

Considerando as normas constitucionais e legais que consagram a responsabilidade dos funcionários e agentes da Administração Pública pelas acções ou omissões praticadas no exercício das suas funções e por causa desse exercício de que resulte a violação dos direitos ou interesses legalmente protegidos dos cidadãos, designadamente o artigo 271.º da lei fundamental, em especial os seus n.ºs 2 e 3, bem como a legislação que prescreve os direitos e deveres dos funcionários e agentes administrativos, geralmente aplicável aos agentes das forças de segurança, e os regulamentos disciplinares próprios da Guarda Nacional Republicana e da Polícia de Segurança Pública, aprovados pela Assembleia da República em razão da especificidade e dignidade da matéria;

Considerando que as normas que disciplinam a organização e o funcionamento da Guarda Nacional Republicana e da Polícia de Segurança Pública prescrevem a sujeição do uso de meios de coerção a critérios estritos de necessidade, adequação e proporcionalidade, com o respeito dos direitos, liberdades e garantias;

Por um lado, a Constituição, expressão suprema do pacto comunitário, proclama no art.º 272.º, n.º 2, que "as medidas de polícia são as previstas na lei, não devendo ser utilizadas para além do estritamente necessário." Aqui tem vislumbrado a doutrina uma clara consagração do princípio da proporcionalidade: por conseguinte, as medidas de polícia estão, por vontade inequívoca da Constituição, sujeitas a tal princípio.

Quanto ao Código Deontológico do Serviço Policial, a sua aprovação foi "registada" (noção algo bizarra que, se não esconder uma acto inútil, não se percebe bem o que significa e qual a respectiva eficácia jurídica) por Resolução do Conselho de Ministros. Mas o Código é antes de tudo resultado da vontade de auto-regulação dos profissionais das forças de segurança. Através desse código esses profissionais assumem o compromisso do cumprimento dos seus deveres com observância estrita de regras de conduta ditadas pela consciência e pelo brio profissional. Alguns desses deveres já resultariam da lei. Mas o compromisso autovinculante assumido pelos profissionais das forças de segurança dá-lhes força moral acrescida e proporciona aos cidadãos uma garantia suplementar de que as forças de segurança e os seus agentes interiorizam e adoptam por iniciativa e vontade próprias, como imperativo ético, os deveres essenciais da sua função. Um desses deveres é o do uso da força em termos adequados, necessários e proporcionais.

O que estes dois textos normativos proclamam inequivocamente é que há um consenso total, compartilhado pela comunidade e pelos

---

Considerando a recepção na ordem jurídica interna do acervo de normas internacionais de direitos humanos, com especial acuidade para as normas da Convenção Europeia dos Direitos do Homem e das Liberdades Fundamentais do Conselho da Europa;

Considerando a Resolução n..º 690, da Assembleia Parlamentar do Conselho da Europa, de 8 de Maio de 1979, e a Resolução n.º 34/169, da Assembleia Geral das Nações Unidas, de 17 de Dezembro de 1979; Considerando que a consagração de padrões ético-profissionais de conduta, comuns a todos os agentes das forças de segurança, é, reconhecidamente, condição indispensável para um exercício credível e eficiente do serviço policial, enquanto parte integrante do Estado de direito democrático;

Considerando que a deontologia policial constitui matéria de inequívoco interesse formativo, no sentido de promover uma conduta profissional eticamente consonante com a dignidade das funções de polícia e limitadora da discricionariedade no exercício dos poderes de autoridade, com respeito dos direitos, liberdades e garantias dos cidadãos...».

agentes das forças de segurança, de que a actividade da polícia está sujeita ao princípio da proibição do excesso ou da proporcionalidade[3]. Não obstante esta aceitação do princípio, já se notou que muitos dos excessos de polícia se devem à inobservância deste princípio[4].

O casamento entre *polícia* e *proporcionalidade* não é de agora, mas é hoje que ele assume um alcance maior. A demonstração desta afirmação implica uma breve revisão do conceito de polícia, bem como algumas notas sobre a forma como ele se associou às ideias de necessidade e, ulteriormente, de proibição do excesso.

A evolução histórica do conceito de polícia

O conceito de polícia que hoje empregamos resulta de um prolongado processo de evolução. Desde o final da Idade Média e durante a estruturação do Estado Moderno na Europa, temporalmente contemporâneo do poder monárquico absoluto, a palavra polícia vai assumindo um significado preciso que coincide com as áreas em que o soberano tem um poder de decisão próprio e não vinculado à lei. Na Alemanha, que podemos utilizar como paradigma de uma evolução mais ou menos linear do conceito, *polícia* recobria, nos séculos XVII e XVIII, as áreas da administração em que o soberano absoluto exercia autoridade sem sujeição à lei e sem controlo por parte dos tribunais. Os actos de administração do príncipe, sobretudo ao nível da segurança e da ordem pública e até da promoção do bem estar dos súbditos[5], eram livres.

---

[3] Especificamente sobre este tema pode ver-se António Francisco de Sousa, «Actuação policial e princípio da proporcionalidade», in *Polícia*, ano LXI, 1998, Set./Out., n.º 113, 15-20; Lúcia Maria de Figueiredo Ferraz Pereira Leite, «O princípio da proporcionalidade nas medidas de polícia», in *Estudos de direito de polícia*, ob. col., Lisboa, 2003, 361 e ss.

[4] António Francisco de Sousa, «Actuação policial e princípio da proporcionalidade», cit., 18.

[5] Que o conceito de polícia que vai até ao final do séc XVIII era mais abrangente do que o que se utiliza a partir do séc. XIX e muito mais amplo do que aquele que empregamos hoje é observado por exemplo por Marcello Caetano, *Direito Administrativo*, vol. II, 1146. E nessa época não se pode falar ainda de submissão da polícia à legalidade ou a um princípio de legalidade (Marcello Caetano, *idem*, 1147). V. também Rogério Guilherme Ehrhardt Soares, *Interesse público, legalidade e mérito*, Coimbra, 1955, 57, 63, etc., o qual se refere ao *arbítrio* geral vigente durante o chamado Estado de polícia. V. a mais recente recensão em Catarina Sarmento e Castro, *A questão das polícias municipais*, Coimbra, 2003, 21 e segs.

Princípio da Proibição do Excesso e Polícia   191

Com toda a dinâmica filosófica, institucional e política do Século das Luzes e das revoluções americana e francesa, este conceito de *polícia* viria a sofrer uma dupla reavaliação.

Primeiro, porque a partir do último quartel do século XVIII e sobretudo ao longo de todo o século XIX a ideia de limitação do poder ganha estatuto constitucional e irrompe por todo o lado. Como consequência, a possibilidade de um sector da actividade do poder político agir sem qualquer limitação, ou sem sujeição à Constituição ou à lei, é resolutamente rejeitada nessa altura. Os actos de polícia passam a estar sujeitos também à lei e ao controlo judicial.

Segundo, o conceito sofre igualmente uma precisão do ponto de vista teleológico. A actividade de polícia deixa de se referir à promoção positiva e activa do bem estar dos indivíduos, para se passar a referir apenas à manutenção da tranquilidade, da segurança e da ordem públicas.

O "encontro" entre a polícia e a ideia de necessidade

É nesta encruzilhada que a actividade de polícia e o que designamos hoje de princípio da proibição do excesso ou da proporcionalidade se encontram pela primeira vez. A ideia de limitação da polícia concretiza-se desde logo através da sua submissão a parâmetros de *necessidade* dos actos de polícia. Em paralelo – embora com ritmos diferenciados de Estado para Estado e com a continuação de amplos espaços de discricionaridade – inicia-se também um lento processo de gradual submissão dessa actividade à lei e ao controlo judicial. Importa reter, porém, que a construção de uma ideia de *necessidade* ou, por outras palavras mais abrangentes, de *proporção* dos actos do poder público lança os seus primeiros alicerces justamente no território das actividades de polícia. Poderá conceber-se inclusive que em certos contextos esta ideia de necessidade antecedeu a ideia de legalidade forjada e aperfeiçoada no séc. XIX.

Por isso a doutrina alemã detecta os primeiros rastos da exigência de necessidade, hoje central no princípio da proibição do excesso ou da proporcionalidade, no direito prussiano de polícia[6] do final do século XVIII. São citados, a propósito, os ensinamentos de CARL GOTLIEB SVAREZ ao futuro rei Frederico Guilherme III, em 1791/2. Do direito de polícia essa exigência iria difundir-se para todo o direito administrativo relacional.

Em suma, foi no âmbito da actividade de polícia (e em parte também no contexto do direito penal) que se começou a desenhar o princípio da proibição do excesso.

Desde então, as exigências da *necessidade* ou *indispensabilidade* dos meios, isto é, a prescrição do emprego dos meios mais *suaves* para atingir um certo fim (exigência que pressupõe a adequação do meio à prossecução do fim eleito), não mais deixaria de estar ligada à actividade de polícia, embora verdadeiramente só na segunda metade do séc. XIX se tenham acabado de preencher as condições propícias para a afirmação da ideia de necessidade na jurisprudência e nos compêndios jurídicos. Entre essas condições cita-se a convicção de que a actividade do Estado está limitada quanto aos fins (contribuição liberal, em oposição à cosmovisão totalitária do Estado absolutista), a concepção de que a intervenção na esfera de liberdade dos cidadãos carece de uma autorização específica, a controlabilidade jurisdicional dos actos de autoridade, o fortalecimento das bases do direito administrativo.

Em Portugal, é sintomático que as primeiras referências doutrinais a uma ideia de proporcionalidade surjam bastante tardiamente, mas surjam justamente no âmbito dos limites aos poderes de polícia tal como definidos por Marcello Caetano[7]. Este autor realçava que os poderes de polícia *"não devem ser exercidos de modo a impor*

---

[6] Hans SCHNEIDER, «Zur Verhältnismässigkeits – Kontrolle insbesondere bei Gesetzen», in *Bundesverfassungsgericht und Grundgesetz*, Tubinga, 1976, vol. II, 391/2; Albert BLECKMANN, «Begrundung und Anwendungsbereich des Verhältnismäßigkeitsprinzip», in *JuS*, 1994, 177, referencia numa obra de Scheidemantel, *Das allgemeine. Staatsrecht überhaupt und nach der Regierungsform*, 1775, 250 segs. alusões à proporcionalidade; Rainer DECHSLING, «Das Verhältnismäßigkeitsgebot», Munique, 1989, 7, secunda Krauss na referência a um *Handbuch des Teutschen Policeyrechts*, de 1799, que já aludiria a um pensamento de proporcionalidade.

[7] *Manual de Direito Administrativo*, 1158/9. V. o que escrevemos em «O princípio da proibição do excesso na Constituição: arqueologia e aplicações», in *Perspectivas Constitucionais. Nos 20 anos da Constituição de 1976*, separata ao vol. II, Coimbra, 1997, 340.

restrições e a usar coacção além do estritamente necessário" (itálico no original). E acrescentava que "tem de haver proporcionalidade entre os males a evitar e os meios a empregar para a sua prevenção".

Não é possível fazer aqui o estudo de todo o processo de desenvolvimento do princípio da proporcionalidade ou da proibição do excesso, nem tão pouco da noção e limites da actividade de polícia. Limitar-me-ei, por isso, a uma breve referência ao significado e alcance actuais dessas noções, privilegiando, no caso da polícia, o próprio quadro constitucional.

Actual noção de polícia em sentido material e funcional

A doutrina portuguesa clássica (Marcello Caetano, Afonso Queiró e até autores recentes, como Vital Moreira) definia ou define a actividade administrativa de polícia através do recurso a aspectos de natureza simultaneamente teleológica e funcional: essa actividade teria por fim a garantia da segurança e da ordem públicas através do controlo de condutas perigosas para os interesses sociais gerais, desenrolando-se através de actos de autoridade limitadores ou restritivos dos direitos e das liberdades dos cidadãos.

Esta doutrina clássica tem sido contestada por alguns autores, como Sérvulo Correia[8] e Catarina Sarmento e Castro, desde logo no que toca à indicação do efeito limitativo ou restritivo de direitos dos actos de polícia como elemento caracterizador do conceito de polícia. Alicerçada no artigo 272.º, n.º 1, da Constituição, a segunda autora contrapôs recentemente uma noção de polícia em que está presente não apenas um modo de agir ablativo de situações jurídicas subjectivas dos cidadãos, mas também prestações positivas *"em que se pretendem satisfazer verdadeiros direitos a prestações"*[9]. Antes, Sérvulo Correia defendera que "alguns actos de polícia podem ser considerados *administração de prestação* (...) a favor dos particulares"[10].

---

[8] SÉRVULO CORREIA, «Polícia», in *Dicionário Jurídico da Administração Pública*, vol. VI, 402 e ss.

[9] CATARINA SARMENTO E CASTRO, *A questão das polícias...*, cit., 47.

[10] SÉRVULO CORREIA, «Polícia», cit., 404. O autor discute e contesta também os outros elementos da noção clássica de polícia, designadamente os conceitos de segurança e ordem

194 *I Colóquio de Segurança Interna*

Ora, se esta tese for correcta a aplicação do princípio da proibição do excesso no domínio da actividade de polícia terá de sofrer uma reavaliação, pelo menos na parte em que tal actividade se traduza nas referidas prestações positivas. Pois que se não merece qualquer dúvida que o princípio da proibição do excesso se aplica sem qualquer dificuldade quando uma determinada actividade implica a restrição ou a limitação de situações jurídicas subjectivas ou interesses de natureza mais geral, já suscita viva discussão a hipótese de tal princípio poder ser aplicado também nos casos em que a Administração satisfaz verdadeiros direitos a prestações. Poderíamos inclusive ter de admitir que já não é verdadeiro o postulado de que a actividade de polícia *está sujeita* ao princípio da proibição do excesso. Se a actividade de polícia consistir também na satisfação de verdadeiras prestações, porventura só poderemos afirmar que a actividade de polícia *está parcialmente sujeita* ao princípio da proibição do excesso, isto é, só está sujeita a esse princípio na parte em que continua a ser restritiva de situações jurídicas subjectivas.

Sucede, todavia, que talvez não tenhamos de chegar tão longe. Na verdade, esta tentativa de superação do conceito tradicional de polícia é atraente, mas suscita reservas e não se sustenta em argumentos suficientemente persuasivos para abandonar a tese clássica.

Primeiro, o alicerce constitucional invocado não é absolutamente inequívoco. Embora o artigo 272.º, n.º 1, seja algo ambíguo, a noção de polícia que incorpora parece ter um sentido orgânico e não material ou funcional. Isto é, quando se diz que *"A polícia* tem por *funções* defender a legalidade democrática e garantir a segurança interna e os direitos dos cidadãos"* (itálico acrescentado) parece que *polícia* adquire ali um significado orgânico, respeitante às *forças* ou *corpos de polícia.* Só uma organização pode cumprir *funções.*

Segundo, mesmo que a noção de polícia assumisse no art.º 272.º, n.º 1, um significado material (de *actividade de polícia*), o facto de uma das funções cumprida ser a garantia dos direitos dos cidadãos não implica que os cidadãos individualmente considerados

---

públicas, concluindo que o elemento específico da polícia é, afinal, "a prevenção ou afastamento de perigos gerados por comportamentos individuais para interesses públicos legalmente reconhecidos". Por não terem implicações no objecto deste trabalho – a aplicação da proibição do excesso à actividade de polícia – não apreciaremos a validade das críticas do autor, continuando, por mera comodidade, a utilizar os parâmetros e conceitos clássicos.

Princípio da Proibição do Excesso e Polícia

tenham um direito individual a *certas* prestações de segurança. Os cidadãos podem exigir colectivamente que as forças de polícia garantam um ambiente de segurança, evitando, por exemplo assaltos, mas não têm o direito individual a prestações da polícia ou a uma actuação de polícia[11], como seria, por exemplo, o direito a uma prestação de guarda individual a uma certa residência para evitar assaltos, ou o direito a uma determinada intervenção policial.

Isto não impede que as forças e os agentes de polícia – *polícia em sentido orgânico* – exerçam actividades não policiais em sentido material, designadamente actividades de prestação positiva, como, por exemplo, formação cívica dos jovens nas escolas contra o uso de drogas, de divulgação das regras de trânsito, etc[12]. Por outro lado, é possível que os serviços ou agentes de polícia fiquem vinculados a certas prestações específicas a este ou aquele cidadão, no âmbito do exercício das suas funções materialmente policiais. Mas isso resulta ou da salvaguarda de interesses de carácter geral, como nas ocasiões em que é feita segurança pessoal a certos titulares de órgãos de soberania, ou de compromissos assumidos fora do quadro normal da prestação do serviço público de segurança à comunidade em geral. Por exemplo, quando os agentes da PSP prestam os chamados serviços gratificados, em espectáculos musicais, jogos de futebol e outros eventos congéneres, essas prestações resultam de vínculos contratuais que se estabelecem com as entidades promotoras dos eventos e não directamente das obrigações gerais inerentes à actividade de polícia paga pela generalidade dos contribuintes.

Em terceiro lugar, o alargamento da noção de polícia, ou de actividade de polícia, de modo a recobrir uma actividade prestacional positiva, ampliaria excessivamente o conceito e retirar-lhe-ia qualquer capacidade distintiva em relação a outras actividades prestacionais, públicas e privadas. Se entendêssemos que a referida prestação de formação cívica a jovens é também uma actividade policial no sentido mais amplo, como poderíamos distingui-la da actividade do professor ou do formador, que pode ser materialmente idêntica?

---

[11] Fala de um "direito a uma actuação de polícia", Catarina Sarmento e Castro, *A questão das polícias...*, cit., 62.

[12] V. estes e outros exemplos em Catarina Sarmento e Castro, *A questão das polícias...*, cit., 56.

Isto leva-nos a concluir que, apesar de tudo, a noção tradicional de actividade de polícia – actividade que visa a segurança e a ordem pública e se desenvolve através de actos de autoridade ablativos de situações jurídicas subjectivas [13] – ainda é a que maior capacidade distintiva e operacional apresenta. A insistência nesta noção de actividade de polícia não inviabiliza que *a polícia em sentido orgânico* desempenhe outras funções e tenha outras actividades que não apenas as de polícia. Aliás, numa sociedade moderna e democrática é certamente salutar aproximar os polícias dos cidadãos e suavizar a imagem por vezes agreste que estes têm daqueles.

Esta conclusão tem uma consequência no âmbito deste trabalho: pode continuar a afirmar-se que o princípio da proibição do excesso se aplica *a toda a actividade de polícia*, sem excepção.

Entretanto, importa salientar que o artigo 272.º, n.º 1, tem uma função importantíssima, diferente da que lhe é imputada por Catarina Sarmento e Castro. Ele é uma das expressões mais claras (a outra consta do art.º 27.º, n.º 1, também da CRP, quando emparelha liberdade e segurança) do equilíbrio que a nossa Constituição procura estabelecer entre lei, segurança e liberdade. Houve um tempo em que a segurança se sobrepunha sempre à liberdade. Houve outro em que, para certos sectores ideológicos, a segurança era vista como inimiga ou rival da liberdade, pelo que havia de preservar esta face àquela. Hoje sabe-se que não há liberdade sem segurança e é isso que a

---

[13] Não se ignora a observação de Sérvulo Correia, «Polícia», in *Dicionário Jurídico da Administração Pública*, vol. VI, 395, de que há actos de polícia, como as autorizações de polícia, que são essencialmente ampliativos. Mas sempre se pode alegar que estes actos ampliativos estarão normalmente numa relação de dependência com opções de polícia anteriores que representaram uma restrição da liberdade dos cidadãos, podendo por isso dizer-se que são actos de polícia *secundários*, no sentido de que não poderiam existir se não houvesse uma qualquer decisão de polícia restritiva anterior. Por exemplo, a necessidade de autorização de uso e porte arma só adquire sentido útil porque houve uma decisão (legislativa ou administrativa) de polícia anterior que introduziu a restrição à liberdade de uso e porte de arma. O acto ampliativo limita-se a anular o efeito de uma decisão anterior de polícia, tendo por isso a mesma natureza. Saliente-se, por outro lado, que tendo em conta o perigo que o uso e porte de arma pode representar para os os direitos de terceiros, não se exclui que estes actos ampliativos tenham de passar pelo crivo da proibição do excesso. Mais difíceis de reconduzir à noção clássica de actos de polícia são os actos que não são directamente nem ampliativos nem ablativos, como é o caso da actividade de vigilância geral («Polícia», cit., 404).

Constituição exprime quando fala da trilogia das funções da polícia: a defesa da legalidade, a garantia da segurança interna e a garantia dos direitos (da liberdade...) dos cidadãos.

Esse é o "programa" que o art.º 272.º, n.º 1, contém: da polícia, em sentido orgânico e, implicitamente, da actividade da polícia, espera-se não apenas a manutenção de um *status* objectivo, de segurança e de ordem públicas, prevenindo os riscos próprios da vida em sociedade, mas também a protecção dos direitos dos cidadãos. À polícia a Constituição indica o caminho do equilíbrio entre segurança e liberdade.

Esta nota tem importância para o objecto do presente trabalho: porque se à polícia (sentido orgânico) e à actividade policial (sentido material) se exige que concilie segurança e liberdade, se há que proceder a operações de balanceamento e de ponderação entre esses dois valores, se em cada situação há que definir qual a medida em que cada um desses valores cede, tem de haver instrumentos adequados para essas operações de balanceamento e de ponderação. E o princípio da proibição do excesso ou da proporcionalidade na sua configuração mais recente e mais aperfeiçoada é o mais proeminente desses instrumentos.

O princípio da proibição do excesso na sua configuração mais recente

Nas últimas cinco décadas na Europa (particularmente na Alemanha) e nas últimas três décadas em Portugal, o princípio da proibição do excesso "cresceu": cresceu na clareza da sua delimitação; cresceu no reconhecimento que lhe é conferido pelos operadores do direito; cresceu nas aplicações; cresceu nos domínios em que se aplica. O princípio da proibição do excesso é hoje um princípio geral de direito que, continuando a vigorar nos domínios da actividade de polícia, onde deu os seus primeiros passos, tem uma ambição muito mais vasta, como pode ser visto se olharmos para a nossa Constituição, para a jurisprudência dos nossos tribunais superiores, ou para a legislação mais recente.

De seguida apreciaremos sumariamente as aplicações constitucionais do princípio da proibição do excesso. Depois, percorreremos as

198 *I Colóquio de Segurança Interna*

aplicações legais no estrito domínio da actividade de polícia e finalmente enunciaremos os subprincípios em que se desdobra o princípio da proibição do excesso.

a) Aplicações constitucionais do princípio de acordo com a doutrina portuguesa

A doutrina tem descoberto na redacção actual da Constituição Portuguesa de 1976 numerosas manifestações, aplicações e formulações do princípio da proibição do excesso ou da proporcionalidade. As referências mais visitadas parecem ser as dos art.^{os} 18.°, n.° 2, 19.°, n.° 4 e 8.°, 28.°, n.° 2, 30.°, n.° 5, 266.°, n.° 2, 270.° e 272.°, n.° 2, todos da CRP. Os art.^{os} 50.°, n.° 3, 65.°, n.° 4, 165, n.ºs 2 e 3, 186.°, n.° 5, 227.°, n.° 1, alínea b e n.° 2, 267.°, n.° 4 e 282.°, n.° 4, são também mencionados.

Vale a pena isolar as fórmulas onde se detectam especificações do princípio da proibição do excesso ou da proporcionalidade:

o artigo 18.°, n.° 2, "(...) *limitar-se ao necessário* (...)" [14];

o art.° 19.°, n.° 4, "(...) *respeitar o princípio da proporcionalidade e limitar-se* (...) *ao estritamente necessário*(...)" [15];

---

[14] J. Miranda, *Manual de Direito Constitucional*, tomo IV, 3.ª ed., Coimbra, 2003, 208; Freitas do Amaral, *Direito Administrativo*, vol. II, Lisboa, 1988, 203; G. Canotilho/ V. Moreira, *Constituição da República Portuguesa anotada,* 3.ª ed., Coimbra, 1993, 152; Sérvulo Correia, *Legalidade e autonomia contratual nos contratos administrativos,* Coimbra, 1987, 668; Marcelo Rebelo de Sousa, Sousa, *Lições de Direito Administrativo,* Lisboa, 1994/5, 146; Maria Luisa Duarte, *A liberdade de circulação de pessoas e a ordem pública no direito comunitário,* Coimbra, 1992, 301; Nuno Sá Gomes, *Subsídios para a revisão da Constituição fiscal portuguesa, Ciência e Técnica Fiscal,* 381, Jan-Mar, 1996, 9 segs. (11); Vinício Ribeiro, *Constituição da República Portuguesa. Anotações, etc.,* Coimbra, 1993, 37; José Carlos Vieira de Andrade, *Os direitos fundamentais na Constituição Portuguesa de 1976,* 2.ª ed., Coimbra, 2001, 296, 299; Jorge Reis Novais, *As restrições aos direitos fundamentais não expressamente autorizadas pela Constituição,* Coimbra, 2003, 730. A expressão não constava da versão de 1976 do preceito, tendo sido introduzida na revisão constitucional de 1982. Mas antes disso já havia quem entendesse que do art.° 18, n.° 3 (o qual entre a versão inicial e a actual só variou no ponto em que passou a conter uma proibição de retroactividade das leis restritivas de direitos, liberdades e garantias), se poderia extrair o princípio da proibição do excesso: Gomes Canotilho, *Constituição dirigente...,* 285.

[15] J. Miranda, *idem*; G. Canotilho/V. Moreira, *Constituição da República Portuguesa anotada,* 158; Marcelo Rebelo de Sousa, *Lições...,* 146; Maria Luisa Duarte, *idem*;

Princípio da Proibição do Excesso e Polícia

o art.º 19.º, n.º 8, "(...) *providências necessárias e adequadas* (...)"[16];

o art.º 28.º, n.º 2, "(...)*outra medida mais favorável prevista* (...)"[17];

o art.º 30.º, n.º 5, "(...) *exigências próprias da respectiva execução* (...)"[18];

o art.º 50.º, n.º 3, "(...) estabelecer as inelegibilidades *necessárias* para garantir a liberdade (...)"[19];

o art.º 65.º, n.º 4, "(...) *procederão às expropriações dos solos que se revelem necessárias* (...)"[20];

o art.º 165.º, n.º 2, "*As leis de autorização legislativa devem definir o objecto, o sentido, a extensão e a duração da autorização, a qual pode ser prorrogada*"[21];

o art.º 165.º, n.º 3: "*As autorizações legislativas não podem ser utilizadas mais de uma vez, sem prejuízo da sua execução parcelada*"[22];

o art.º 186.º, n.º 5: "(...) *o Governo limitar-se-á à prática dos actos estritamente necessários para assegurar a gestão dos negócios públicos.*"[23]

Jorge Bacelar Gouveia, *O estado de excepção no Direito Constitucional*, Coimbra, 1998, 825 e segs.; Jorge Reis Novais, *As restrições...*, cit., 730. Esta fórmula foi inovação da revisão constitucional de 1989.

[16] Gomes Canotilho, *Constituiçao dirigente e vinculação do legislador. Contributo para a compreensão das normas constitucionais programáticas*, Coimbra, 1982, 285; J. Miranda, *Manual...*, IV, 3.ª ed., 208; G. Canotilho/V. Moreira, *Constituição da República Portuguesa anotada,* 159. Na redacção inicial de 1976 era o art.º 19.º, n.º 5. Em 1982 passou a 19.º, n.º 6 em 1989 a 19.º, n.º 8.

[17] G. Canotilho/V. Moreira, *Constituição da República Portuguesa anotada,* 190. O inciso foi introduzido pela revisão constitucional de 1989. Atente-se, porém, em que Germano Marques da Silva, *Direito Penal Português*, III vol., Lisboa, 24, recorre directamente aos artigos 18.º e 1.º para ancorar a aplicação do princípio da proporcionalidade (ou, nas suas palavras, da necessidade) às penas aplicáveis.

[18] J. Miranda, *Manual*, IV, 3.ª ed., 208. O n.º 5 do art.º 30.º foi aditado pela revisão constitucional de 1989.

[19] J. Miranda, *Manual...*, IV, 3.ª ed., 208.

[20] J. Miranda, *Manual...*, IV, 3.ª ed., 208; Margarida M. O. Cabral, «Poder de expropriação e discricionariedade», in *RJUA*, n.º 2 (Dez. 1994), 125.

[21] J. Miranda, *Manual...*, IV, 2.ª ed. 218, 3.ª ed., 209, considerando "plausível a extensão do princípio" ao domínio das autorizações ao Governo e às assembleias legislativas regionais.

[22] J. Miranda, *idem*. Texto de 1982, mas com correspondência com o de 1976.

[23] J. Miranda, *idem*. O preceito foi aditado na revisão constitucional de 1982. Se bem entendemos a *ratio* haverá identidade de razões para mencionar o art.º 195.º, n.º 2 (O

200   I Colóquio de Segurança Interna

o art.º 266.º, n.º 2, "(...) *respeito pelos princípios... da proporcionalidade* (...)"[24];

o art.º 267.º, n.º 4, "(...) *satisfação de necessidades específicas* (...)"[25];

o art.º 270.º, "(...) *na estrita medida das exigências* (...)"[26];

o art.º 272.º, n.º 2, "(...) *estritamente necessário* (...)"[27];

o embora sem qualquer base textual, sujeitar-se-ia também ao princípio a decisão do Tribunal Constitucional de fixação dos efeitos das suas decisões com força obrigatória geral com alcance mais restritivo, nos termos do art.º 282.º, n.º 4[28].

Presidente da República só pode demitir o Governo *quando tal se torne necessário para assegurar o regular funcionamento das instituições democráticas...*), também aditado na revisão constitucional de 1982;

[24] Freitas do Amaral, *Direito Administrativo*, II, 200; G. Canotilho/V. Moreira, *Constituição da República Portuguesa anotada*, 922, 924; Sérvulo Correia, *Legalidade...*, 668; Marcelo Rebelo de Sousa, *Lições...*, 146; Maria Luisa Duarte, *idem*; Vinício Ribeiro, *Constituição...*, 267; Jorge Reis Novais, *As restrições...*, cit., 730; António Francisco de Sousa, «Actuação policial e princípio da proporcionalidade», 15. A menção ao princípio da proporcionalidade foi introduzida na revisão constitucional de 1989.

[25] J. Miranda, *idem.*, salientando que se trata de uma manifestação do princípio numa zona de fronteira com os direitos fundamentais. O art.º 267.º, n.º4, provém da revisão constitucional de 1982, sendo então o n.º 3 do art.º 267.º.

[26] J. Miranda, *idem*; G. Canotilho/V. Moreira, *Constituição da República Portuguesa anotada*, 951. O preceito foi aditado pela revisão constitucional de 1982.

[27] É importante registar que a expressão constava já da versão de 1976 e é muito próxima da fórmula acima transcrita do *Manual de Direito Administrativo* de Marcello Caetano. Gomes Canotilho, *Constituição dirigente...*, 258; J. Miranda, *idem*; Freitas do Amaral, *Direito Administrativo*, II, 203; G. Canotilho/V. Moreira, *Constituição da República Portuguesa anotada*, 956; Maria Luisa Duarte, *idem*; Vinício Ribeiro, *Constituição...*, 346; José Carlos Vieira de Andrade, *Os direitos...*, 233 e 346; António Francisco de Sousa, «Actuação policial e princípio da proporcionalidade», 15. Catarina Sarmento e Castro, *A questão das polícias...*, cit., 73, refere também o n..º 3 do art..º 272..º

[28] Rui Medeiros, *A Decisão de Inconstitucionalidade. Os autores, o conteúdo e os efeitos da decisão de inconstitucionalidade da lei*, Lisboa, 1999, 716 e segs.; Jorge Miranda, *Manual...*, IV, 3.ª ed., 209.

Tabela I
Aplicações constitucionais do princípio da proibição do excesso ou da proporcionalidade
(de acordo com a doutrina portuguesa)

Norma constitucional	Destinatário da directiva de proporcionalidade	Natureza dos actos sujeitos à directiva de proporcionalidade	Actuação sobre a qual incide a directiva de proporcionalidade	Bens, interesses ou valores prosseguidos pela actuação	Bens interesses ou valores comprimidos pela actuação
18.º, n.º 2	Legislador, administrador, órgãos de controlo, juiz e entidades privadas	Actos normativos em geral, incluindo lei, actos não normativos, actos dos particulares	Restrição de direitos, liberdades e garantias	Outros direitos ou interesses constitucionalmente protegidos	Direitos, liberdades e garantias
19.º, n.º 4	PR, legislador, administrador, juiz	Actos de declaração e de execução do estado de sítio, actos de controlo	Declaração e execução do estado de sítio e de emergência	Defesa nacional, independência, ordem constitucional democrática, a saúde pública, direitos dos cidadãos, etc.	Direitos, liberdades e garantias cujo exercício pode ser suspenso em estado de sítio ou de emergência
19.º, n.º 8	"autoridades"	Actos de administração, políticos e judiciais	Providências de restabelecimento da normalidade constitucional	Normalidade constitucional	Situações jurídicas subjectivas de natureza vária; outros interesses constitucionalmente protegidos
28.º, n.º 2	Juizes	Decisões judiciais	Decisão de imposição de prisão preventiva	Interesses de investigação criminal, de protecção da vítima, de cessação da actividade criminosa, de segurança comunitária	Direito à liberdade
30.º, n.º 5	Juiz de execução, entidades administrativas de execução	Decisões judiciais e actos da Administração	Restrições dos direitos dos condenados a penas e medidas de segurança privativas da liberdade	Boa execução da pena ou medida de segurança	Direitos fundamentais dos condenados a penas e medidas de segurança
50.º, n.º 3	Legislador, órgãos de controlo	Lei, actos de controlo	Estabelecimento de inelegibilidade	Liberdade de escolha dos eleitores, isenção e independência do exercício dos cargos	Direito a ser eleito
65.º, n.º 4	Administrador (Estado, regiões autónomas, autarquias) juiz	Actos de expropriação, decisões judiciais	Compressões do direito à propriedade privada por via de expropriação	Satisfação de fins de utilidade pública urbanística	Direito à propriedade privada
165.º, n.º 2 [29]	Legislador, órgãos de controlo	Leis de autorização legislativa	Autorizações legislativas do Parlamento ao Governo	Processo legislativo célebre, legislação mais informada, mais coerente e	Processo mais participado, mais legitimado e mais plural

---

[29] O que se diz sobre o artigo 165.º, n.º 2 vale para o artigo 227.º, n.º 1, alínea b) e n.º 2, sobre autorizações legislativas às assembleias legislativas regionais.

165.º, n.º 3	Legislador autorizado, órgãos de controlo	Decretos-Lei autorizados	Uso das autorizações legislativas	Não aplicável	Não há
186.º, n.º 5	Governo nas suas várias condições, órgãos de controlo	Decretos-Lei, actos administrativos, actos políticos	Actuação dos Governos de gestão	Repartição constitucional de competências; transparência e legitimidade democráticas	Competência normais do Governo
266.º, n.º 4	Associações públicas, legislador, juizes, órgãos de controlo	Actos constitutivos de associações públicas, actos de controlo	Constituição de associações públicas	Adequado enquadramento de categorias profissionais ou entidades públicas, boa administração, boa repartição de competências, descentralização	Direito de livre escolha da profissão, liberdade de associação e direitos conexos, controlo directo do Estado sobre áreas de interesse público
270.º	Legislador, juizes, órgãos de controlo	Lei, actos de controlo	Restrições a direitos, liberdades e garantias de militares, militarizados e agentes das forças de segurança	Bom exercício das funções próprias dos militares militarizados e agentes das forças de segurança	Direitos, liberdades e garantias susceptíveis de restrição
272.º, n.º 2	Administrador, juizes	Actos administrativos de polícia	Medidas e acções e de polícia	Defesa de legalidade democrática, da segurança interna e dos direitos dos cidadãos	Direitos dos cidadãos, em particular os direitos, liberdades e garantias
282.º, n.º 2	Tribunal Constitucional	Decisões do Tribunal Constitucional	Fixação dos efeitos das decisões com alcance mais restritivo	Segurança jurídica, razões de equidade ou interesse público de excepcional relevo	Situações jurídicas subjectivas de vária natureza, e bens, interesses ou valores objectivos

b) *Afloramentos na legislação ordinária respeitantes à actividade de polícia*

Não ambicionando este trabalho analisar todas as aplicações do princípio da proibição do excesso no direito positivo, limitar-nos--emos a uma amostragem de exemplos paradigmáticos respeitantes à actividade de polícia, sobretudo quando é praticada pela polícia em sentido orgânico.

Mas antes disso, é de assinalar que na legislação das décadas de 1970 e 1980 são escassas as referências explícitas ao princípio da proporcionalidade em normas infraconstitucionais (tal como eram escassas, neste mesmo período, as alusões em normas constitucionais). As primeiras datam de meados da década de 1980. A Lei n.º 44/86, de 30 de Setembro (Regime do Estado de Sítio e do Estado de Emergência), utiliza na epígrafe do art.º 3.º o conceito de proporcionalidade (*"(p)roporcionalidade* e *adequação* das medidas"), desenvolvido no n.º 1 do preceito ("a suspensão ou restrição de direitos... devem limitar-se...ao estritamente necessário"). O legislador ordinário antecipou-se, assim, ao próprio legislador constitucional que só em 1989 receberia o termo princípio da proporcionalidade em dois preceitos, um deles justamente incidente sobre o estado de sítio e o estado de emergência. Em 1987, na Lei n.º 20/87, de 12 de Junho, Lei de Segurança Interna, o artigo 2.º, n.º 2, determina que "as medidas de polícia são as previstas nas leis, não devendo ser utilizadas para além do estritamente necessário". É também relevante a recepção do princípio no Código de Processo Penal de 1987, no art.º 193 (princípio da *"adequação e proporcionalidade"*), referente à imposição de medidas de coacção e de garantia patrimonial, em particular à aplicação da medida de coacção de prisão preventiva.

A partir da década de 1990 o princípio da proibição do excesso ou da proporcionalidade passa a ser passageiro frequente de todo o tipo de legislação. O legislador não se coíbe inclusive de fazer, em preâmbulos, alguma doutrina sobre o princípio, por vezes com assinalável rigor e qualidade. Um bom exemplo é o preâmbulo do Decreto-Lei n.º 438/91, de 9 de Novembro, que continha o Código das Expropriações[30]. São também exemplos os preâmbulos dos

---

[30] Este diploma foi já revogado e substituido pela Lei n.º 168/99, de 18 de Setembro. Lê-se naquele preâmbulo, designadamente, que "no nosso ordenamento jurídico-constitucional, a restrição dos direitos dos cidadãos deve obedecer ao chamado princípio da proporcionalidade, princípio esse que se encontra consagrado no artigo 18.º, n.º 2, da Constituição. Tal princípio, em matéria de expropriações, corresponde inequivocamente ao que já atrás foi dito, ou seja, sempre que a realização do interesse público implique a ablação, restrição ou qualquer outra limitação ao direito de propriedade, a Administração, mesmo que disponha de discricionariedade para escolher a medida a tomar, deve optar por aquela que menos lese a esfera jurídica dos particulares. Assim, como se verá, e em obediência ao disposto na Constituição, o acolhimento do princípio da proporcionalidade do novo regime jurídico das expropriações por utilidade pública impede que, no futuro, a Administração recorra desde logo à expropriação sem que, previamente, tenha tentado realizar o interesse público através do recurso a outras vias legais menos gravosas para o direito de propriedade privada dos particulares." Mais adiante, depois de mostrar bom conhecimento da jurisprudência do Tribunal Constitucional, fazia-se referência ao subprincípio da *exigibilidade*, nos termos da qual deveria evitar-se "uma expropriação por utilidade pública quando fosse possível alcançar os mesmos resultados por uma outra via legal que não passasse pela supressão do direito de propriedade dos particulares".

204 *I Colóquio de Segurança Interna*

Decretos-Lei: n.º 15/93, de Janeiro, vulgarmente conhecido por "Lei da Droga"[31]; n.º 244/95, de 14 de Setembro, sobre ilícito de mera ordenação social; n.º 94-B/98, de 17 de Abril, sobre o acesso e o exercício da actividade seguradora; n.º 48/95, Código Penal[32]; n.º 124/96, de 10 de Agosto, sobre operações de recuperação dos créditos fiscais; e n.º 457/99, de 5 de Novembro, sobre utilização de armas de fogo e explosivos pelas forças e serviços de segurança[33].

Incidindo sobre os domínios da actividade de polícia em sentido amplo, encontramos referências à proporcionalidade nos seguintes locais (sem pretensões de ser exaustivo e admitindo que aqui e ali pode haver dúvidas sobre se verdadeiramente se trata de actividade de polícia):

a. Artigo 4.º, n.º 2, da) Lei n.º 113/91, de 29 de Agosto, Lei de Bases da Protecção Civil[34];

b. artigo 2.º, alínea a), da Lei n.º 104/99, de 26 de Julho, autorização legislativa sobre utilização de armas de fogo e explosivos pelas forças de segurança[35];

---

[31] Onde se diz que "a gradação das penas aplicáveis ao tráfico tendo em conta a real perigosidade das respectivas drogas afigura-se ser a posição mais compatível com a ideia de proporcionalidade".

[32] "Necessidade, proporcionalidade e adequação são os princípios orientadores que devem presidir à determinação da pena aplicável à violação de um bem jurídico fundamental." E mais adiante: "outro domínio particularmente carecido de intervenção, por imperativos constitucionais de legalidade e proporcionalidade, é o das medidas de segurança."

[33] Decreto-Lei n.º 457/99, preâmbulo: "é pacificamente aceite que também os agentes da função policial só podem empregar a força quando tal se afigure estritamente necessário e na medida exigida para o cumprimento do seu dever. Se os princípios mencionados, designadamente os da necessidade e da proporcionalidade, são as balizas de qualquer intervenção pela força, são-no, ainda com maior premência de acatamento, quando está em causa a utilização de um dos instrumentos mais sensíveis da força, a arma de fogo."

[34] Artigo 4.º (Medidas de carácter excepcional): «2 – Na escolha e na efectiva aplicação das medidas excepcionais (...) devem respeitar-se critérios de necessidade, proporcionalidade e adequação aos fins visados. ».

[35] Artigo 2.º (Sentido e extensão): «Fica o Governo autorizado a definir (...) para valer como lei geral da República, o regime de utilização de armas de fogo ou explosivos, tendo em vista: (...) b) A atribuição do devido ênfase às garantias constitucionais do direito à vida e o direito à integridade física e aos respectivos princípios, designadamente da necessidade e proporcionalidade, como enformando o recurso a arma de fogo, que é qualificado expressamente como medida extrema...».

Princípio da Proibição do Excesso e Polícia

c. artigo 4.º da Lei n.º 147/99, de 1 de Setembro, sobre protecção de crianças e jovens em risco[36];

d. artigo 2.º do Decreto-Lei n.º 457/99, de 5 de Novembro, regime de utilização de armas de fogo e explosivos pelas forças e serviços de segurança[37];

e. artigo 14.º, n.º 3, do Decreto-Lei n.º 189/2000, de 12 de Agosto, dispositivos médicos para diagnóstico *in vitro*[38];

f. artigo 13.º, alínea e), do Decreto-Lei n.º 275-A/2000, de 9 de Novembro, Lei Orgânica da Polícia Judiciária[39];

g. artigo 12.º, alínea e), do Decreto-Lei n.º 200/2001, de 28 de Junho, Estatuto da Polícia Judiciária Militar[40];

h. artigo 6.º, n.º 1, da Lei n.º 101/2001, de 25 de Agosto, regime jurídico das acções encobertas para fins de prevenção e investigação criminal[41];

---

[36] Artigo 4..º (Princípios orientadores da intervenção): « A intervenção para a promoção dos direitos e protecção da criança e do jovem em perigo obedece aos seguintes princípios: (…) e) Proporcionalidade e actualidade – a intervenção deve ser a necessária e a adequada à situação de perigo em que a criança ou o jovem se encontram no momento em que a decisão é tomada e só pode interferir na sua vida e na da sua família na medida do que for estritamente necessário a essa finalidade…».

[37] Artigo 2.º (Princípios da necessidade e da proporcionalidade): «1 – O recurso a arma de fogo só é permitido em caso de absoluta necessidade, como medida extrema, quando outros meios menos perigosos se mostrem ineficazes, e desde que proporcionado às circunstâncias. 2 – Em tal caso, o agente deve esforçar-se por reduzir ao mínimo as lesões e danos e respeitar e preservar a vida humana.».

[38] Artigo 14.º (Obrigação do organismo notificado): «3 – O organismo notificado poderá, segundo o princípio da proporcionalidade, suspender, retirar ou impor qualquer restrição ao certificado emitido, se verificar que um fabricante não cumpre ou deixou de cumprir os requisitos estabelecidos no presente diploma, ou que o certificado não devesse ter sido emitido, a não ser que o fabricante garanta o cumprimento desses requisitos através da aplicação de medidas correctoras adequadas.».

[39] Artigo 13.º (Deveres especiais): «São deveres especiais do pessoal da Polícia Judiciária: (...) e) Actuar com a decisão e a prontidão necessárias, quando da sua actuação dependa impedir a prática de um dano grave, imediato e irreparável, observando os princípios da adequação, da oportunidade e da proporcionalidade na utilização dos meios disponíveis...».

[40] Artigo 12.º (Deveres especiais): «São deveres especiais do pessoal da Polícia Judiciária Militar, sem prejuízo dos decorrentes da condição militar, se for o caso: (...) e) Actuar com a decisão e a prontidão necessárias, quando da sua actuação dependa impedir a prática de um dano grave, imediato e irreparável, observando os princípios da adequação, da oportunidade e da proporcionalidade na utilização dos meios disponíveis...».

[41] Artigo 6.º, n.º 1: "Não é punível a conduta do agente encoberto que, no âmbito de uma acção encoberta, consubstancie a prática de actos preparatórios ou de execução de uma infracção em qualquer forma de comparticipação diversa da instigação e da autoria mediata, sempre que guarde a devida proporcionalidade com a finalidade da mesma.".

206 *I Colóquio de Segurança Interna*

i. artigo 8.º- E do Decreto-Lei n.º 30/2003, de 14 de Fevereiro, relativo aos dispositivos médicos[42];

j. artigo 10.º da Lei n.º 41/2004, de 18 de Agosto, relativa ao tratamento de dados pessoais e à protecção da privacidade no sector das comunicações electrónicas[43].

Esta lista suscita alguns comentários.

Primeiro, o facto de o número de referências crescer progressivamente a partir da década de 1990 do século passado e com maior intensidade a partir de 2000 não é resultado acidental de uma escolha aleatória, antes patenteia uma tendência de crescente adesão à consagração expressa do princípio da proibição do excesso por parte do legislador.

Segundo, verifica-se que ainda não se conseguiu a estabilização terminológica que habitualmente encontramos em outros princípios menos "jovens". Considerando estes diplomas e outros não referentes à actividade de polícia, observa-se que nas epígrafes, na parte dispositiva dos preceitos ou em ambos em simultâneo, a designação "princípio da proporcionalidade" ou, simplesmente, "proporcionalidade" é a preferida pelo legislador. Segue-se "adequação e proporcionalidade". Mas são também utilizadas as expressões "necessidade, adequação e proporcionalidade", "necessidade e proporcionalidade"

---

[42] Artigo 8.º -E: «Organismo notificado

...

10 – O organismo notificado deve, segundo o princípio da proporcionalidade, suspender, retirar ou impor qualquer restrição ao certificado emitido, se verificar que um fabricante não cumpre ou deixou de cumprir os requisitos estabelecidos no presente diploma, ou que o certificado não deveria ter sido emitido, a não ser que o fabricante garanta o cumprimento desses requisitos através da aplicação de medidas correctivas adequadas.»

[43] Artigo 10.º: «Excepções

1 – As empresas que oferecem redes e ou serviços de comunicações electrónicas acessíveis ao público devem, quando tal for compatível com os princípios da necessidade, da adequação e da proporcionalidade, anular por um período de tempo não superior a 30 dias a eliminação da apresentação da linha chamadora, a pedido, feito por escrito e devidamente fundamentado, de um assinante que pretenda determinar a origem de chamadas não identificadas perturbadoras da paz familiar ou da intimidade da vida privada, caso em que o número de telefone dos assinantes chamadores que tenham eliminado a identificação da linha é registado e comunicado ao assinante chamado.»

Princípio da Proibição do Excesso e Polícia

e "proporcionalidade, intervenção mínima e adequação", razoabilidade e proporcionalidade. A estatística não autoriza nenhuma conclusão de natureza dogmática, mas é um indicador relevante sobre as grandes tendências.

Não é possível vislumbrar uma explicação racional para as divergências terminológicas. Não resultam de as manifestações terem visto a luz do dia em diferentes épocas históricas: fala-se de "proporcionalidade e adequação em 1986 e em 2001; alude-se a "necessidade, proporcionalidade e adequação" em 1991 e em 1998, embora por uma ordem diferente.

Terceiro, também não pode dizer-se que as diferenças terminológicas correspondem a diferenças de essência, de regime ou de extensão. Poderá porventura sustentar-se com toda a segurança que nos casos em que o legislador emprega as expressões princípio da proporcionalidade, ou simplesmente proporcionalidade, se refere indiscutivelmente ao princípio globalmente considerado, não havendo qualquer argumento dedutível da lei que faça pensar que está a referir-se apenas a uma – designadamente a proporcionalidade em sentido estrito – ou a duas das máximas da proporcionalidade, mesmo quando a expressão surge só na epígrafe. Com a mesma segurança se poderá afirmar que sempre que a lei se refere a "necessidade, adequação e proporcionalidade" se pode concluir que pretende a aplicação do princípio da proibição do excesso ou da proporcionalidade – com as respectivas três máximas ou sub-princípios- *globalmente considerado.*

Quarto, o princípio incide quer sobre a actividade da *polícia administrativa em sentido amplo* quer sobre *a da polícia judiciária*, embora os segmentes normativos acima citados, extraídos dos estatutos da Polícia Judiciária e da Polícia Judiciária Militar, pareçam referir-se apenas à actividade *preventiva* destas polícias, isto é, de impedimento da prática de um dano grave, imediato e irreparável. No âmbito da actividade da polícia administrativa em sentido amplo, há exemplos de normas referentes à *polícia administrativa geral* – a polícia de segurança –, às *polícias administrativas especiais* e a serviços que não são de polícia mas exercem poderes de polícia[44/45].

---

[44] Sobre todos estes conceitos de polícia em sentido orgânico, v. SÉRVULO CORREIA, «Polícia», 405 e ss.

208 *I Colóquio de Segurança Interna*

Quinto, os destinatários do princípio nos afloramentos legislativos são, no essencial, as entidades que exercem funções de polícia e, indirectamente, a instância de controlo dos seus actos, uma vez que a sujeição de uma certa actuação ao princípio da proporcionalidade, no panorama actual, supõe *sempre* a possibilidade de controlo *a posteriori* do respeito da directiva.

Sexto, é de presumir que quando alude explicitamente a proporcionalidade, princípio da proporcionalidade, proporcionalidade, adequação e necessidade, etc., o legislador pretenda efectivamente submeter certas actuações ao princípio da proibição do excesso. Em caso de dúvida vale esse entendimento, mesmo que melhor observada se afigure que se trata de uma aplicação no mínimo *atípica* ou de difícil enquadramento no esquema de funcionamento próprio do princípio. É que o princípio parece ter adquirido uma aura legitimadora que o torna atractivo e de fácil invocação, mesmo em contextos que lhe são estranhos e com formulações dúbias. A análise, caso a caso, de muitos exemplos revela que há situações em que, apesar de o legislador se referir a proporcionalidade ou a princípio da proporcionalidade não é, manifestamente, a directiva de proibição do excesso garantístico-optimizadora que está em causa.

Um nota derradeira, neste domínio das aplicações legislativas vai para o registo de que hoje é raro o diploma incidente sobre

---

[45] Uma questão que coloca é a de saber se a actividade da chamada segurança privada está sujeita ao princípio da proibição do excesso. Como nota PEDRO CLEMENTE, «O paradigma da polícia privada», in *Estudos de Homenagem ao Professor Doutor Germano Marques da Silva*, Coimbra, 2004, 358, as empresas de segurança não possuem estatuto de autoridade pública. Os seus empregados não são agentes de *autoridade* e possuem direitos iguais aos dos restantes cidadãos. Na pureza dos princípios, a proibição do excesso não seria aplicável à actividade de segurança privada, sendo certo que a lei não contém nenhum comando explicito de aplicação. Sucede porém que o novo regime sobre o exercício da actividade de segurança privada, contido no Decreto-Lei n.º 35/2004, de 21 de Fevereiro admite que tal exercício possa "ameaçar, inibir ou restringir o exercício de direitos, liberdades e garantias ou outros direitos fundamentais" (art.º 5.º, alínea b)), designadmente através da actividade dos *assistentes de recinto desportivo* e do *pessoal de vigilância no controlo de acesso a instalações aeroportuárias*, que pode efectuar revistas pessoais de prevenção e segurança (art.º 6.º, n.ºs 5 e 6 do Decreto-Lei n.º 35/2004, de 21 de Fevereiro; identicamente, art.º 12.º, n.º 1, da Lei n.º 16/2004, de 11 de Maio). Ora, pelo menos nessa dimensão, esta actividade de segurança privada está certamente sujeita à observância do princípio da proibição do excesso, não sendo de excluir, em qualquer caso, que outras actividades do art.º 6.º da Lei 16/2004 também o estejam.

actividade de polícia que não insira uma aplicação do princípio da proporcionalidade. O último exemplo conhecido é a Lei n.º 1/2005, de 10 de Janeiro, sobre video-vigilância em locais públicos promovida por forças de segurança: o art.º 7.º, n.º 1, submete a utilização desses instrumentos ao princípio da proporcionalidade.

c) Os subprincípios da proibição do excesso [46]

Não podendo entrar aqui nas várias controvérsias que ainda rodeiam o princípio da proibição do excesso (a começar pela própria designação...), direi apenas, com a maior parte da doutrina, que o princípio da proibição do excesso se desdobra em três subprincípios: aptidão ou idoneidade, necessidade e proporcionalidade em sentido estrito. Como vimos, a aceitação destes 3 subprincípios não se restringe à doutrina. A epígrafe e o n.º 2 do artigo 8.º do código deontológico do serviço de polícia alude justa e certeiramente a adequação, necessidade e proporcionalidade. Resta saber qual o sentido de cada um destes três subprincípios.

O subprincípio da aptidão ou idoneidade exige que se responda a uma pergunta: a medida em projecto (ou sob escrutínio por uma instância de controlo) é (era) capaz de conduzir ao objectivo visado, tendo em conta a situação fáctica que é (era) representada e invocada como justificação ou razão para agir [47], e a prognose sobre como essa situação evoluirá (evoluiria)?

---

[46] Sobre isto, com maior desenvolvimento, VITALINO CANAS, «Proporcionalidade (Princípio da)», in *DJAP*, VI, 1994, 591 ss.

[47] Seja essa situação de facto inteiramente delimitada – e pressuposta como condição para agir – pela previsão, *Tatbestand* ou *facti species* de uma norma que atribui e delimita a competência e os termos materiais de actuação de quem age, ou seja essa situação mais ou menos livremente definida por quem age, como sucede quase sempre com o legislador e algumas vezes com o autor de actos administrativos. No caso deste último, embora tenha sempre de haver uma norma que fixe "um núcleo incomprimível de pressupostos e elementos do conteúdo do acto" (SÉRVULO CORREIA, *Legalidade...*, 486), algumas vezes ele recebe um poder de autodeterminação, aquilo que este autor propõe que seja designado de *autonomia pública* em contraponto com a autonomia privada. Nesse âmbito, merecem realce as situações em que a lei lhe concede, através do uso de conceitos indeterminados ou da atribuição da faculdade de aditar aos pressupostos legalmente definidos outros da sua escolha, uma margem de livre apreciação que permite definir com autonomia alguns dos pressupostos da produção

Utilizemos como referência a intervenção policial nos acontecimentos que envolveram os estudantes da academia de Coimbra que há algumas semanas pretendiam impedir o regular funcionamento de Senado da Universidade daquela cidade. Por exemplo, a utilização de gazes perturbadores do sistema nervoso era adequada para conter o ímpeto daquela multidão? Parece que, desse ponto de vista, nada haverá a observar, uma vez que tal opção se revelou eficaz.

O subprincípio da *necessidade* exige a resposta a uma outra pergunta: numa perspectiva concreta e nunca em abstracto, *é ou era necessário ou indispensável adoptar aquela medida ("tinha de ser"?), com aquele concreto conteúdo lesivo, para atingir um certo fim? Ou, ao invés, há ou havia uma alternativa igualmente ou menos lesiva que deva ou devesse ser preferida?* Sendo certo que a liberdade de definição dos meios pelo actor, que é pressuposto da aplicação/ /actuação do princípio da proibição do excesso, implica a possibilidade de opção entre várias alternativas, a intenção é avaliar se a opção escolhida não é "mais lesiva que as alternativas com eficiência igual ou superior"[48].

Voltando ao caso de Coimbra, a questão que se coloca agora é se era *necessário ou indispensável adoptar aquela medida ("tinha de ser"?), com aquele concreto conteúdo lesivo, para atingir um certo fim? Ou, ao invés, há ou havia uma alternativa igualmente ou menos lesiva que deva ou devesse ser preferida?* Para decidir isso, tem de se conhecer bastante bem a situação no terreno e o contexto da intervenção.

Finalmente, com a aplicação do subprincípio da proporcionalidade em sentido estrito pretende-se saber, à luz de parâmetros materiais ou axiológicos, se o sacrifício de um certo bem, interesse ou valor é aceitável, tolerável. Para alguns, esta operação assemelha-se externamente à análise económica dos custos/benefícios de uma decisão.

---

de um acto, da própria decisão de agir ou não agir, no caso de lhe ter sido atribuida a chamada "discricionaridade de decisão", ou da escolha entre várias condutas, fixadas por lei em termos optativos, no contexto de chamada "discricionaridade de escolha". Sobre tudo isto v. a exposição pormenorizada de SÉRVULO CORREIA, *idem*, 318 e segs., 471 e segs.

[48] António Francisco de Sousa, «Actuação policial e princípio da proporcionalidade», cit., 16, considera que na prática o limite da necessidade (ou da exigibilidade ou indispensabilidade) constitui o limite mais importante da actuação administrativa no âmbito da aplicação do princípio da proporcionalidade.

Se o custo (leia-se o sacrifício de certos bens, interesses ou valores) está numa proporção aceitável com o beneficio (leia-se a satisfação de certos bens, interesses ou valores) então a medida é proporcional em sentido estrito.

Retomemos outra vez a intervenção policial de Coimbra. A aplicação do subprincípio da proporcionalidade em sentido estrito envolve aí a ponderação do valor da segurança, da tranquilidade e do funcionamento das instituições universitárias, em confronto com o valor ou o direito de manifestação. A pergunta formula-se assim: naquele caso concreto de ponderação desses dois valores, era tolerável a limitação ou compressão do direito de manifestação a favor do funcionamento tranquilo do Senado Universitário? Esta ponderação envolve, naturalmente, o recurso a pautas valorativas intersubjectivas. Mas, mesmo assim, não imunes a controvérsia e debate, pelo que o resultado da sua aplicação pode variar, nisso residindo uma das mais complexas questões suscitadas pela aplicação do princípio da proibição do excesso. Aqui nesta sala, porventura, não haveria muitas opiniões divergentes, mas presumo que noutros ambientes a preferência pelo valor da tranquilidade e do funcionamento do órgão universitário, em detrimento (com sacrifício ou limitação) do direito de manifestação, seria questionada, alegando-se, eventualmente, que a restrição desse direito não seria em concreto tolerável, pelo que haveria violação do subprincípio da proporcionalidade em sentido estrito.

Resumindo e simplificando os três subprincípios, a aferição da adequação centra o esforço de análise na apreciação de um nexo de causalidade entre um acto e um objectivo. A aferição da necessidade, desloca esse centro para uma comparação da dimensão da lesão provocada por várias alternativas competitivas. A aferição da proporcionalidade e.s.e. põe em confronto os bens, interesses ou valores perseguidos com o acto restritivo ou limitativo, e os bens, interesses ou valores sacrificados por esse acto.

ÍNDICE

Prefácio 5

Programa 7

Sessão Solene de Abertura 9

Conferência da Abertura
A Segurança Interna num contexto Internacional – AZEREDO LOPES 11

I MESA – A Ciência Política como clarificadora do Sentido de Segurança Interna 21

Poder Político e Segurança Interna
ANTÓNIO JOSÉ FERNANDES 23

A Ordem e o Caos: Factores de Influência para a Construção de uma Tipologia de Segurança
ROCHA MACHADO 39

O Imaginário Policial Anti-Crime – O Canto da Sereia
PEDRO JOSÉ LOPES CLEMENTE 55

II MESA – Para uma Nova Tipologia de Segurança Interna no Quadro Jurídico-Constitucional 67

Contributos para uma Tipologia de Segurança Interna
MANUEL MONTEIRO GUEDES VALENTE 69

III MESA – As Ciências Policiais na discursividade da Segurança Interna 99

A Segurança Interna no Espaço Europeu
CONSTANÇA URBANO DE SOUSA 101

As Novas Ameaças como Instrumento de Mutação do Conceito "Segurança"
LUÍS FIÃES FERNANDES 123

214 *I Colóquio de Segurança Interna*

IV MESA – Direito Penal mão ou braço da Segurança Interna 153

Informações e Investigação Criminal
RUI PEREIRA 155

A Acção Penal Catapulta da Segurança Interna?
MARIA CÂNDIDA GUIMARÃES PINTO DE ALMEIDA 171

Conferência de Encerramento: Princípio da Proibição do Excesso e a Polícia – VITALINO CANAS 187